景気 金利 株 物価 為替
の関係がわかる 改訂版
マーケットの連想ゲーム

金融データシステム代表
角川総一
Souichi Kadokawa

ビジネス教育出版社

※本書に掲載の URL ならびに QR コードは 2024 年 6 月時点のものであり、その後サイト運営者等の都合により改変されている可能性があることをご了解ください

■ プロローグ ■
"経済データを読み"、基本的な意味を知った上で"連想ゲームを楽しむ"

多くの人にとって各種経済情報がちょっぴり難しく感じられるとすれば、その原因は2つあります。

1つは経済を語る上でのキーワード（専門用語）が分からないこと。

2つ目は、その文脈が読み取れないことです。これは、「行間を読み取れない」ということであり、省略されている情報を読者の知識で埋めることができない状態を指します。

本書は、この2つの「壁」を乗り越えるために最も基本的なツールを提供します。

STEP1 現象間の関係（メカニズム）を知る

本書第1部では、「景気」「為替」「物価」「金利」「株価」などの間に働く"メカニズムがよく分からない"という疑問に答えます。つまり、経済を「連想ゲーム」の感覚で見ていくための最低限の「経済メカニズム」を明らかにすることが狙いです。たとえば、

① 『景気悪化のデータが明らかになったことを受け長期金利が低下』
② 『米国利上げの可能性が高くなってきたためドル高が進行』
③ 『インフレ率が予想以上であったため債券利回りが上昇』
④ 『円安でトヨタの利益が上方修正』
⑤ 『利上げが行われると企業収益にブレーキ、株価上昇も望み薄』

経済・金融の世界ではこんなフレーズが飛び交っています。

①～⑤の文章は、いずれも平易な表現です。さほど専門的な用語は含まれていませ

ん。

にもかかわらず、「理解できない→説明できない」人も多いでしょう。では、これらのフレーズ分からないとすれば、どこに原因があるのでしょうか？

それは、「物価」、「金利」、「景気」、「為替」、「株価」などの基本的な経済事象の間の関係が分かっていないためです。

①は、
「景気が悪くなれば、（お金を借りようとする人が少なくなるから）金利は下がる」

②は、
「金利が高くなれば、（その国の金利商品への投資が増えるので）その通貨は買われて高くなる」

③は、
「物価が上がれば（多くの人が消費を急ぎ、お金を借りるから）、金利は上がる」あるいは「物価が上がれば（それを抑制するために日銀が政策金利を上げるため）それを見越して多くの金利が上がる」

④は、
『円安でトヨタの（輸出金額が増え、採算も良くなるため）利益が増加』

⑤は、
『政策金利を上げると（企業の借入れコストが上がるため）企業収益にブレーキ、株価上昇も望み薄』

（ ）内のことをあらかじめ理解していなければ、分からないのは当たり前です。

逆にいえば、この手のメカニズムがひとわたり理解できれば、今までは漠然と「何だかむずかしいな」と思い込んでいた複数の経済事象の間に『線を引く』ことができるのです。

STEP2 動きを定量的に把握する

これに続く第2部では、まず「景気（実体経済）」、次いで「金利」、「為替」、「株式」、「商品」、それぞれの“世界”の動きを観察する上でキーになる中心的なデータを、日経新聞の具体的な紙面をご覧いただきながら、解説します。

できれば、実際の紙面を参照しながら、新聞の上を歩くような気持ちで読み進んでいただきたいです。

経済情報の多くは、経済社会における「変化」に関するものです。

たとえば「円高になった」「利上げ予想で10年国債利回りが一段高」「ブラジルの輸出黒字が縮小」「中国の経済成長率はさらに下がりそう」「原油価格が上がった」

「日経平均株価が35年ぶりの高値」……。そしてこれらの変化の多くは具体的なデータの変化を伴います。

実際、多くの経済記事はこうしたデータの変化に着目して、「その原因は？」「これによって誰が損をし、誰が得をするか？」「それを巡る関係者の見方は？」「これからの動きをみる上でのポイントは？」といった連想で記事が書かれていくのです。

そのためこれらの（変化する）データのうち重要なものについては、その基本的な意味、読み方はぜひ押さえておくべきです。

STEP3 経済連想ゲームを楽しむ

たとえば円安1つをとってみてもいいでしょう。円安はわが国の輸出入のバランスを変化させ、国内の物価を引き上げます。これは通常、個人消費を抑制します。

輸入品価格が上がれば、それと競合する国産品の価格も上がります。つまりそれを生産する国内企業の収益増が期待できます。

また、円安で輸出企業の売上げが増えて業績も上がり、賃金も上がるでしょう。もちろん株価も上がります。

このような動きが過熱化すれば、日本銀行は金融緩和政策から脱却しようとします。「もう金利をいつまでも低く据え置いておく必要はないな」と。そこで金利は上がる公算が高くなります。すると企業は、より高いコストでなければ社債などの発行ができず、金融機関からの借入れコストも上がります。そこで資金コストが上がり企業利益が減るのです。

円安は原油輸入価格を上げるため、とくに電力、化学、石油関連といった輸入型企業の業績を下げ、それを見越して株が売られます。

一方、円安は通常ドル高を意味します。とすれば、ドル建てで運用されている“外債ファンド”の基準価格（円建て）は上がり、得する人が多くなります。

たかが（？）円安1つとってみても、ほとんど無限ともみえるさまざまな連鎖現象を誘発していくのです。これを私は**「経済連想ゲーム」**と呼びます。

ぜひこのゲームに読者の皆様にも参加していただきたく思います。経済現象の間に、次から次へ新しい関係を見いだせることを体験してください。

本書がそのためのスタートラインになれればうれしく思います。さあ、ボンボアージュ!!

物価　金利　株　景気　為替の関係がわかる　マーケットの連想ゲーム

もくじ

～プロローグ～
"経済データを読み"、基本的な意味を知った上で"連想ゲームを楽しむ" ……3
巻頭企画
激動期を迎えた内外のマーケット経済 ……7

第1部　金融・経済のしくみがわかる15の連想ゲーム
その1　マーケットを眺望するための地図上で"連想ゲーム"をスタート！ ……26
その2　連想ゲームを楽しむための3つの予備レッスン ……30

■15の連想ゲーム
その1　（物価→金利）　モノの値段が上がれば金利も上がる ……34
その2　（景気→金利）　景気の拡大は金利全般の上昇を促す ……36
その3　（景気→物価）　景気が良くなっていく過程では物価が上がる ……38
その4　（景気→為替）　景気が相対的によい国の為替相場は上がりがち ……40
その5　（金利→景気）　金利が下がることは景気に対してはプラス要因だ ……42
その6　（金利→為替）　金利が高くなればその国の為替相場は高くなる ……44
その7　（金利→物価）　金利が下がれば物価は上昇するのが原則 ……46
その8　（為替→輸出活動、国産品の価格競争力）
　　　　円安で国産品の価格競争力は高まり、輸出は伸びるのは当然 ……48
その9　（為替→輸入活動、国内物価「インフレ率」）
　　　　円高で輸入品価格が下がり輸入が増えるのは当たり前 ……50
その10　（為替→金利）
　　　　円安になれば国内金利は上がり住宅ローン金利も引き上げられる ……52
その11　（物価→為替）　インフレになると為替相場は下がる ……54
その12　（金利→株価）　株価にとって最も嫌な材料の1つが金利の上昇（引上げ） ……56
その13　（株価→金利）　株価が上がれば債券は売られ利回りは上がる ……58
その14　（為替→株価）　円高になると上がる株と下がる株がある ……60
その15　（株価→為替）　日本株の上昇は円高を促しがちである ……62

■「原理・原則から外れた動き」を見る8つのポイント ……64
①　逆はおおむね真ならず ……64
②　どのメカニズムが強く働いているかで動きは変わる ……64
③　変化は常に相対的なものである ……65
④　影響が、すぐに現れる場合と、中長期的にじわじわ現れる場合がある ……65
⑤　市場内部要因などテクニカルな要因が強烈に働く場合 ……66

⑥　1つの現象が相反する2つの結果を誘導することがある　……66
⑦　リスクヘッジ手段の発達で市場メカニズムが緩和されてきた　……66
⑧　迂回路を通ってメカニズムが波及することもある　……67

第2部　経済金融データの歩き方

はじめの一歩　"まずは、金融市場を概観してみよう！"　……70

1. 主要経済データ
   - 国内　……74
   - 海外　……79
   - 経済統計データ一覧表の利用法　……80
2. 金利の世界
   - 国内金利①〜②　……84
   - 海外金利　……88
3. 為替の世界
   - 円相場　……90
4. 株式の世界
   - 平均的株価水準　……92
   - 売買コンディション等　……94
   - 投資指標等①〜②　……96
   - その他①〜②　……100
5. 商品の世界
   - 国内商品①〜②　……104
   - 海外商品　……108

第3部　円相場から始める経済メカニズム連想ゲーム

金融・経済指標（データ）連想ゲーム　……112
①「円相場」②「日米10年債利回り」　……115
③「日経平均株価」④「ＮＹダウ」⑤「米雇用者数」　……116
⑥「米国のGDP」⑦「日本のGDP」　……117
⑧「家計消費支出」⑨「現金給与総額」⑩「所定外労働時間」　……118
⑪「稼働率」⑫「完全失業率」⑬「有効求人倍率」　……119
⑭「機械受注」⑮「鉱工業生産」⑯「出荷」　……120
⑰「在庫率」⑱「公共事業請負」　……121
⑲「貿易・サービス収支」⑳「法人企業営業利益」　……122
㉑「消費者物価」㉒「国内企業物価」　……123
㉓「マネタリーベース」㉔「コールレート」　……124
㉕「貸出残高」㉖「M3（エムスリー）」　……125

索　引　……126

装丁　目黒　眞　／　カバー・本文イラスト　菅原　美南
本文イラスト　飯田　理湖

■ 巻頭企画 ■

激動期を迎えた
内外のマーケット経済

「40年ぶりの世界的インフレ」「35年ぶりの円安」「日銀は17年ぶりに利上げ」「日本の10年国債利回りは11年ぶりに1％台へ」「日経平均は35年ぶりに過去最高を更新」「1991年以来の円安」「金価格は44年ぶりの高値」。

こんな言葉がいまほど頻繁にニュースの見出しを飾ったことは、ほとんど前例がありませんでした。私たちが各種メディを通じて日々見聞きする金利、株価、為替、商品相場は明らかに激動期に入ってきたことは間違いありません。

これらの金融マーケットは言うまでもなく、実体経済の動向をいち早く察知して動きます。なぜなら、こうした市場での取引に参加している人々は、常に将来予想に基づいて行動するからです。そのマーケットがかつてない動きを示しているということは、実体経済もこれまでとは明らかに異なったフェーズ（局面）に入ってきたことを意味します。言い換えれば、これまでの常識が通用しない時代に移りつつあるのです。

日本の経済規模を示すGDPは2023年にドイツに抜かれ4位に後退、2025年にはインドに抜かれることになりそうです。これまで巨額の貿易黒字を稼ぎ、世界一の対外純資産を擁していた日本ですが、原油・食料などの価格高騰で資産の海外流出が止まりません。日本が長年低成長経済を続けているうち

に、日本の平均賃金は韓国にも抜かれるというありさまです。

日常生活の目線で見ても、私たちを取り巻く環境は激変。少子高齢化が予想以上のピッチで進む日本で、公的年金など現行の社会保障制度がいかに心もとないものか。それがいやおうなく明らかになってきています。

政府は「貯蓄から投資へ」というスローガンとともに、投資に伴う非課税制度を大幅に拡大するという新NISAを2024年にスタートさせました。これは、ありていに言えば「公的な社会保障政策には限界アリ」「国民各自の自助努力で経済的なリスクに備えてほしい」という政府のメッセージにほかなりません。

政府に依存することなく自分の足で立つには、私たちは今まで以上に経済環境の変動に敏感であらねばなりません。

では、わたくしたちの仕事や家計を取り巻く経済環境は今後どう変化していくのか？どうすればそれを先読みできるのか。この巻頭企画では、それを知るための重要なテーマを厳選したうえで、その読み方の基本をスケッチしておこうと思います。

1, 40年ぶりの世界的インフレ始まる

2022年に入り誰の目にも明らかになった世界的なインフレ。同年2月24日に勃発したロシアのウクライナ侵攻でロシア産原油、天然ガスの供給が急減したことが直接的な原因だとされます。

しかし、このインフレ。実はそれから遡る2年前の2020年から始まっています。つまり、ほかにもいくつかの原因があったのです。

①脱炭素に向け世界各国の政策協調が本格化

まず、世界各国がそろって脱炭素政策に急速に舵を切ってきたことにより、原油の生産が頭打ちになったことが今回のインフレの根底にあります。

2015年12月に採択された気候変動抑制に関する多国間での国際的な協定(パリ協定)以降、石油依存に歯止めをかけ、ソーラー、水力、風力などのクリーンエネルギー源へ軸足を移す動きが一気に加速したのです。

これにより世界各国の原油掘削、精製などへの投資が減少、生産量も減りました。これが、世界的な原油不足をもたらし、原油価格の上昇を招いたのです。これが明瞭に表れたのが2020年でした(脱炭素については後述)。

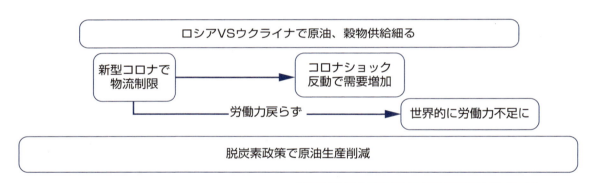

②コロナ禍で世界の物流が停滞、供給が細る

2020年に世界中を覆った新型コロナショックにより、原材料のほか中間部品を含め、製品の物流が停滞することになりました。この結果、世界的レベルで供給網が寸断、これが各種資源・資材・中間部品等の価格上昇を促しました。

③労働力不足で賃金が高騰、物価高に

コロナパンデミックで仕事から離れた人々が職場に復帰する動きは鈍く、高年齢労働者の多くが早期リタイアしました。そのため、コロナが最悪期を抜け出した後には、多くの企業が人材不足に悩むことになりました。そこで人手を確保したい企業は賃金を引き上げたのです。この賃金アップが消費を刺激し、そ

れが物価上昇に拍車をかけたのです。

④蓄積された緩和マネーの出動

2021年にはコロナショックが一段落、それまで抑制されていた原油・資源・資材等への需要が復活しました。コロナ対策のために各国ともに財政支出を拡大、金融政策は大幅な緩和を続けていたため、民間には大量の緩和マネーが滞留していたのですが、この巨額マネーが一気に原油・各種資源・資材などの購入に向かったのです。当然、物価は上がります。

⑤ロシア産原油・天然ガスの供給が途絶

2022年2月下旬、ロシアによるウクライナ侵攻に西側諸国が反発、ロシアからの原油、天然ガスの輸入を大幅に削減、禁止したことで、世界的に原油等のエネルギー源の供給が減ることになりました。さらに、世界の穀倉地帯とも呼ばれるウクライナ各地が戦場と化したことで、小麦の生産が減り、流通が疎外され、世界各国への輸出が激減したため小麦価格も高騰、これとともに多くの穀物資源価格も上昇しています。

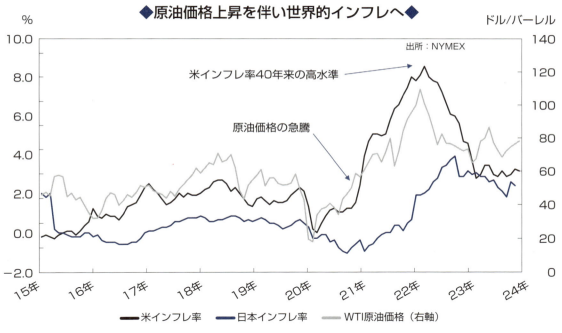

◆原油価格上昇を伴い世界的インフレへ◆

2, 脱グローバル化もインフレの背景

短期的には2020年から始まったインフレの直接の原因は前項の「40年ぶりの世界的インフレ始まる」で説明したとおりです。しかし、その背後には脱グローバル化という、より本質的な世界経済の構造変化があったことには注意が必要です。

過去50年にわたり着実に歩みを進めてきた世界経済のグローバル化。ヒト、モノ、カネが世界中を飛び回り、世界全体に最も効率的な経済の仕組みが着々と築かれてきていたのです。こうして、より生産性が高く、あるいはよりコストの低い国で生産されたモノが世界中に供給・販売されたため、世界的に物価が抑制されていたというのが定説になっています。

そしてこのディスインフレ（低いインフレ率）をさらに促進したのが、各種デジタル技術の急速な発展でした。

デジタル化進展が物価沈静に拍車

デジタル技術の急進展で多くの製品、サービスの生産・流通コストが下がってきたのです。Amazonに象徴される世界をまたにかけた巨大通販システムでは、店舗にかけるコストはほぼゼロ、それに付帯する人件費もカットできるほか、効率的な在庫管理で在庫に伴うコストも激減させることが可能でした。注文から決済、発送、配達までが一連のネットシステムにより極めて低コストで運営できるわけです。これが世界の物流システムを一変させてしまったのです。

さらには書籍、映像、楽曲などはほぼ完全にネット上でやり取りすることが可能になったため、紙、DVDなど具体的な製品（モノ）への需要が急減、映像ならびに音声情報の再生産コストは限りなくゼロに近くなったことは、私たちの消費の在り方を根本から変えてしまいました。

これらの新しいシステムの飛躍的な発展に伴い、多くの製品、サービス価格が一段と下がることになったのです。こうして経済社会の効率性がさらに進展することを、人々は疑いませんでした。

自国利益優先政策に転換

しかし2010年代半ば、世界的に成長率が鈍化している中で誕生した米トランプ政権は、あからさまな自国利益優先の政策に転換しました。なかでも特記すべきは、デジタル技術面で予想をはるかに超える発展を遂げつつある中国への依存を断ち切るために、対中貿易で高レベルの関税を設定したことでした。さらには、欧州産の鉄鋼、アルミニウムへの高率関税に踏み切っています。

いずれも国内の産業を積極的に保護することを通じて、政権の安定を図るとともに、政治、経済の両面で世界における米国の覇権を維持することが目的の1つでした。

トランプ政権を引き継いだバイデン政権もこうした保護貿易政策を継承。2021年にはさらに、カナダ産木材への関税を大幅に引き上げています。

この間、欧州各国も相次いで内向きの経済政策に軸足を移すことになりました。

分断されつつあるサプライチェーン

これら一連の国内回帰政策は、それまでの経済グローバル化──つまり貿易障壁をなくして海外のより安価な製品などを輸入し、あるいは人件費の安い国に生産を委託することで

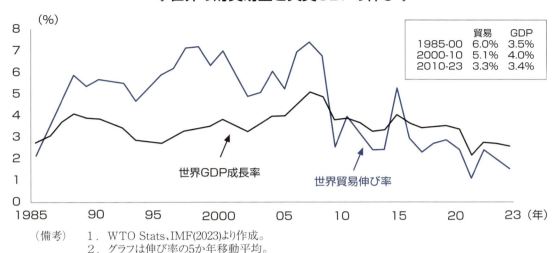

◆世界の財貿易量と実質GDPの伸び◆

（備考）1．WTO Stats、IMF(2023)より作成。
2．グラフは伸び率の5か年移動平均。

https://www5.cao.go.jp/j-j/sekai_chouryuu/sa23-02/s2_23_2_1.html
出所：「世界経済の潮流2023 Ⅱ」＿第1節　財貿易の動向＿1．財貿易の低迷とその背景より

価格を抑制する—という世界的な流れを断ち切ることになったのです。

つまり、それまで着実に築かれてきた世界経済のサプライチェーン（供給網）が崩れ始めたのです。こうして生産、流通の効率性が損なわれてくれば、物価が上がるのは当然です。

また、政治社会の安定を図りつつ国内雇用を守るために、欧米では移民流入の制限に踏み切った結果、人手不足が賃金を引き上げ、あるいは運輸・配達料金の上昇を招き、世界的なインフレをさらに促進することになりました。

伸び率が鈍化する世界貿易

また、政治社会の安定を図りつつ国内雇用を守るために、欧米では移民流入の制限に踏み切った結果、人手不足が賃金を引き上げ、あるいは運輸・配達料金の上昇を招き、世界的なインフレをさらに促進することになったというわけです。

こうした脱グローバル化の動きを端的に示すのが世界貿易の伸び鈍化です。2010年代後半から世界のGDP比で見た貿易量の伸びは着実に減少に向かってきています。

こうした世界的な潮流は経済だけではなく、政治面でも顕著に現れることになりました。その象徴的な出来事が米国が、長年にわたって政治・軍事面で強く干渉してきたアフガニスタンからの軍事力の完全撤退でした。

経済の長期低迷に悩むEU諸国では保守、右派ポピュリズム政党が相次いで躍進することになりましたが、これも脱グローバル化の1つの側面です。

3, 内外の政策の違いがもたらした円安

世界的なインフレに対処するために、欧米諸国はこぞって利上げを実施。特に米国は、史上まれにみるピッチで政策金利引き上げを行ったのです。もちろん利上げに先んじて10年国債などの債券利回りが先に上昇したことは言うまでもありません（金利が上がる順序については「5. 金利のある世界へ」を参照。）。

この長期金利の上昇を受け、長期にわたって上げてきた内外の株価も一転、調整局面に入りました。もちろん金利の上昇が企業の借り入れコストを膨らませ、企業業績を悪化させるとの連想から株式が売られたためです。

32年ぶりの円安

ここで注目しておきたいことは、2022年に入ってから円安ドル高が一気に進んだことです。グラフにみるとおり、日米の10年国債の利回り差が拡大するのに合わせ、円安が一気に進んでいます。もちろんこれは「低い日本金利には魅力なし」⇒「一気に高くなった米金利で運用に妙味あり」と多くの人が考えたからです。金利差が為替相場に影響するという基本通りの動きです。

◆日米金利差拡大で一気に円安進行◆

なぜ日本の金利は上がらなかったのか

では、なぜ日本の金利はほとんど上がらなかったのか？

一番の理由は、日本は米国に比べインフレ率が低いことです。昔から日本のインフレ率は世界でも最も低いことで知られます。主な要因は、国内での生産（供給）が消費（需要）を上回る状態が続いてきたこと。つまり、国内では買いエネルギーが相対的に弱いので値段が上がらないのです。インフレ率が

低いということは、金融政策の面からも金利を上げる必要がないということです。

2つ目は日本の成長率が低い状態が続いていること。しかもこの成長率の低さは主に、企業の設備投資、個人消費が伸びないことが主因です。つまり、需要が低迷しているのです。景気が悪ければ金利を上げられないのは当然です。利上げは、ただでさえ良くない景気をさらに冷え込ませてしまうからです。

世界的にインフレ率がピークを迎えた2022年半ばには、米国が9％台に達した一方、日本は4％強でした。日本のインフレ率並びに成長率が低い原因の1つは、実質賃金が伸びないこと。1996年をピークにその後2割近く減少しています。

また、急速に高齢化が進んだことで消費自体が伸びなくなったことも、経済成長率を下げました。さらには、現代の産業をけん引するデジタル、ITの分野で欧米先進国だけではなくインド、香港、韓国などにも後れを取ったことも企業の国際競争力が落ちた原因の1つです。

つまり2023年頃までの円安は主に、インフレ率や成長率の面で日米には大きな差があり、それを受けて米国金利は上昇したものの、日本の金利はほとんど低位にとどまっていたことが主因だったのです。

円安の原因が金利差から国力の差へとチェンジ

ただ、その後2024年にかけ一段と円安が進行したことについては、もはや金利差だけでは説明できなくなってきています。日米の金利差にはほとんど変化がないにも関わらず、一気に1ドル＝160円まで円安が進んだからです。

米国景気は、利上げにもかかわらず予想以上に好調を維持しており、当初は2024年春だと予想されていた利下げは見送り。一方日本は2％インフレが定着しつつあるとの判断で2024年4月、わずかに利上げを行いました。しかしその幅は0.1％にとどまっただけで、日米金利差はほとんど変わりませんでした。にもかかわらず円安が進んだのです。

これについては、「もはや金利ではなく、日本の国力に対する疑念が円を売らせた」という見方が一気に浮上。中でも多く取り上げられたのは、日本の貿易・サービス収支の赤字基調が定着してきたことでした。原油価格の高騰で海外への支払い額が増えたため円安が進んだのに続き、デジタル赤字の拡大が注目を浴びることになったのです。

近年の生成AIの劇的な発展に見る通り、各種デジタルサービス部門では日本は完全に立ち遅れ、サービス収支の赤字が拡大する一

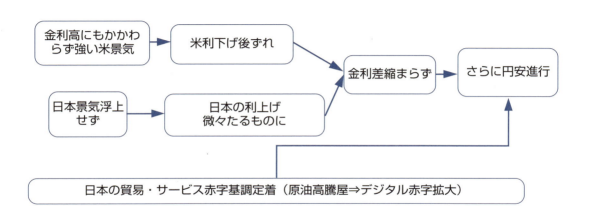

方です。我々が日常的に使うamazonでの通販、Windows office、chat GTP、各種クラウドサービスなどはことごとく、海外への支払いである以上、円売り・ドル買いを伴います。

　円安をもたらす要因として従来からの金利差というマーケット要因に、国境を越えた貿易・サービスという実体経済からの要因が加わったのであれば、現在の円安は予想外に長引くかもしれません。

4, 米金融緩和劇をどう読むか

今後数年の間に予想される世界規模でのマーケット、つまり資産運用環境の変化を読むうえで一番注目されるのが米国の金融政策、なかでもどのようなタイミングで利下げが始まるかです。

2021年から連続的に利上げを断行、かつてない金融引き締めを行ってきた米国の中央銀行であるFRBがこれからは一転、利下げに転じることはまず間違いありません。なぜこれが最大のポイントなのでしょう？

米国の利下げが単に米国の預貯金や債券などの金利だけではなく、世界中の株式さらには各国の為替相場にも極めて大きな影響力を持つためです。

米金融政策は引締めから緩和へ転換

これから米国FRBが利下げに踏み切るとみられる理由は2つあります。1つは、インフレ率が急速にトーンダウンしてきたことです。

そもそも米国が2022年から連続利上げを断行したのは、予想以上のインフレに伴う景気の失速を避けるためでした。急激なインフレは国民生活を疲弊させます。それを避ける

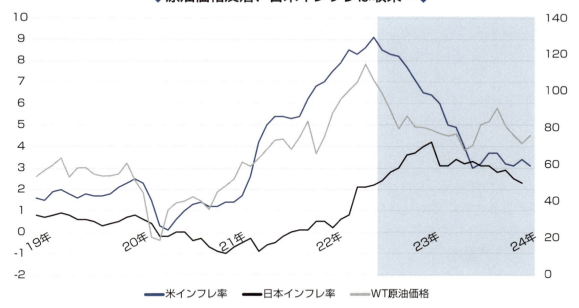

◆原油価格反落、日米インフレは収束へ◆

——米インフレ率　——日本インフレ率　——WT原油価格

ための利上げだったのです。

40年ぶりともいわれる世界的インフレに対し、いち早く新興国が利上げに踏み切り、2022年からは米国も連続利上げに踏み切っています。長らく0％だった米政策金利は2023年7月には5.5％まで上昇、この超ハイスピードの利上げを受けて、2022年6月には一時9％にまで上がった米国のインフレ率

も、2024年前半には3%台前半の水準にまでスローダウンしてきたのです。つまり、インフレ抑制のための利上げという目的はほぼ果たしたのです。

一方で、この急速な利上げは不動産市況を冷やし、またGDPベースで見た米国の成長率も緩やかに下がってきていました。

つまり、FRBは次のように考えたのです。
①利上げによりインフレ率は狙い通りの水準まで下がってきた
②このため、今の高い金利を維持する理由は薄れてきた
③それどころか、景気は不動産を中心にやや鈍り始めた
④次は景気を浮揚するための政策に転換する必要がある
⑤そのためには金利を下げることが適切だ

こうして米FRBは、利下げを伴う金融緩和方向へ政策の舵を切る準備を始めたというわけです。

近い将来の利下げを見越しているかのように、すでに米国の長期金利（10年国債利回り）は2023年10月にピークを打ち、その後は緩やかに下がってきています。これは「長期金利は短期金利に先んじて動く」という金利の世界での原則に沿ったものでした（金利の動く順序については「5.　金利のある世界へ」を参照）。

米利下げは物価と景気が2大ポイント

2024年初には「早ければ4月にでも米国は利下げ開始」とみられていたのですが、6月現在まだ利下げには踏み切っていません。予想に反して米国景気は予想以上に強いことに加え、インフレ率も予想したほど下がっていないというのが主な理由です。

つまり、米国の利下げのタイミングは景気とインフレ率如何に左右されるというわけです。

金融政策はもともと「景気と物価の両にらみ」と言われるように、経済成長率とインフレ率の2つの条件によって基本的に決まります。現在の米国の経済状況に照らせば次の通りです。

①2024年半ばで3%台のインフレ率が高止まり、あるいは再び上昇するようだと「インフレ防止のためには利下げはできない」となります。逆に、インフレ率が緩やかにせよ下がっていけば「インフレ防御のための金利高」は必要なくなるため、利下げへのハードルは下がってきます。つまり、利下げムードは高まってくるわけです。
②そのインフレですが、原油などのエネルギー、農産物などの価格は緩やかに低下している一方、賃金上昇が続いており、賃金から強い影響を受けるサービス価格の上昇には注意が必要です。
③物価動向とともに重要な景気ですが、これは端的には「GDPの伸び率が予想以上だと利下げが遠のく」「予想以上に減速すると利下げが近い」と見るのが基本です。

では以上の米国の物価、景気を先読みするには、どんな指標が目印として有効でしょうか。

まず、消費者物価指数の動向を先読みするためにチェックしてほしいのが、リフィニティブ・コアコモディティー・CRB指数。原油などのエネルギー資源のほか、主な鉱物資源や小麦などの各種食料品の国際的な価格を総合的に示す国際商品指数です。これまでの経験から言っても、世界でインフレが起きる

ときには、まずこうしたエネルギー源、素材、食料品価格が上がり、それが最終的に消費者物価に波及することが多いのです。

一方、米国の景気を先読みするための指標として特に重要なのは「雇用者数の増減」と「失業率」（第一金曜日発表）そして「ISM製造業景況感指数」（月末ごろ発表）です。これらの指標は株式や為替市場への参加者が最も注目している景気指標でもあります。以上の重要な指標については第2部　経済金融データの歩き方で解説してあります。

5, 金利のある世界へ

　1997年以降、預貯金などの金利は限りなくゼロに近い水準を続けてきた我が国ですが、2024年からこれが全く新しいステージに移行します。すでに3月、日銀はわずかながらも政策金利の引き上げに踏み切りました。

　長年にわたってデフレ経済を続けてきた日本ですが、世界的なインフレを受けインフレ率は40年ぶりの水準にまで駆け上る一方、大企業中心に賃上げが進んできたことを踏まえた措置でした。

　このような政策転換を先読みするように、すでに2023年からは我が国の債券利回りも上がり始めており、一部の銀行が長期の定期預金金利や住宅ローンの長期金利引き上げに踏み切っています。

　これから数年間は、この緩やかな金利引き上げがより広範囲に波及し、短期預貯金金利などを含む多くの金利を巻き込んで上昇する公算が高くなってきました。これを一部のマスコミは「（これからは）金利のある世界」と表現しています。

　さてここでの注目点は、「どのような順序で金利は上がっていくか」というテーマです。

金利変動のタイミングのずれに注意

　私たちが「金利のある世界」を経験するのはほとんど四半世紀ぶりのこと。このため、これまで預貯金金利はゼロ、住宅ローン金利は限りなく低い水準であることが当然という前提で行ってきた行動スタイルは見直しが必要です。ここでとくに留意すべきことは、金利の種類によりその変動タイミングが異なることです。つまり、あらゆる金利が一斉に上がるわけではないのです。とくに短期と中長期金利、預貯金金利とローン金利の変動時期のズレには注意が必要です。

　原則から言うと、まず短期の政策金利の先行きを予想したうえで、長期金利が先行して動き、それが長期定期預金（5年、10年定期）や長期固定住宅ローン金利を引き上げ、それに遅れて政策金利、そして短期の預貯金金利、各種短期ローン金利が上がるという順序になると思われます。つまり、金利が動く順序には一定のパターンがあるのです。

　これはあらゆる国に共通することです。我が国では金利上昇を長らく経験してこなかったので、以下では米国の例を参考に取り上げます。

米国に見る金利が上がる順序
①まず反応するのが10年国債利回り

　米国のインフレ率は2020年から上がり始めたのですが、いち早くそれに反応したのが10年国債の利回りでした。通常どの国でも、金利の中ではイの一番に動くのが10年国債の利回りです（図中①）。

　これは、多くの債券の中で10年国債が最も頻繁に、かつ大量に売買されるためです。もちろんこの国債売買市場は、市場参加者がそれぞれの思惑・将来予想に基づいて売り買いを繰り返しています。ということは、債券の利回りはプロ投資家の将来への金利予想が十分取り込まれたうえで、決まることを意味しています。

　つまり、中央銀行が物価や景気に対する対策として政策金利の引き上げを検討し始めたときには、それを見越したうえで真っ先に反応するのが10年国債が市場で売買された結

果付く利回りなのです。

②利上げ接近で2年国債の利回りが本格上昇

いよいよ政策金利が上がることが確実視されるようになると、次には期間2年の国債利回りが本格的に上がり始めます（図中②）。政策金利はごく短期の金融取引に適用される金利ですから、10年国債よりもむしろより期間が短い2年の国債利回りがそれに反応するのです。そしていよいよ最後に登場するのが政策金利です。

③最後に動く政策金利

米国の政策金利はFFレート。日本でいえば金融機関が資金の過不足を調整するためにごくごく短期のマネーの貸し借りを行うマーケット（FF＝フェデラルファンド市場）の金利であり、これを中央銀行が特定の水準に誘導するのです。この仕組みは日本のコール市場とほぼ同じです（p71〜73参照）。

以上のような、10年金利⇒2年金利⇒政策金利の順は、米国で2020年から始まった金利上昇劇でもはっきりと現れています。

一言で言うと、「金利はより長いものから順次上がっていく」のです。だからこそ、10年国債の利回りを注意深くウオッチすることは、金融政策の影響を大きく受ける株式、為替、不動産等のマーケットの先行きを読むためには、とても重要な指標なのです。

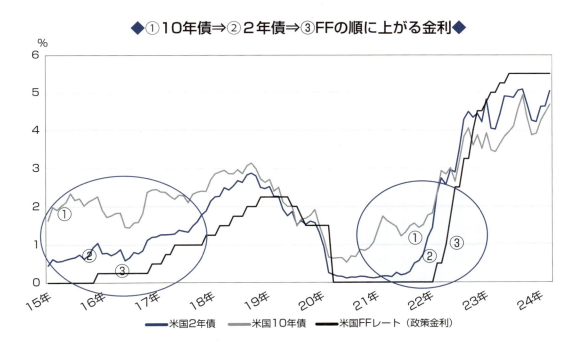

◆①10年債⇒②2年債⇒③FFの順に上がる金利◆

6, さらに進む格差拡大➡K字経済

　新型コロナショック、急激な円安で"格差拡大"にさらに拍車がかかったことを示すのがK字経済という新語です。

　2020年以降新型コロナショックが長引く中で、誰の目にも明らかになったのは、流通、商業、観光、宿泊、小売り、飲食等の業績が圧迫され生活不安が高まる一方で、株高の恩恵を受けた富裕層に富が集中したことでした。

コロナショック、円安で小売り、飲食業に大ダメージ

　コロナショックにより人流が大幅に制限され、対人営業が柱となる多くの商業、小売り、観光、飲食といった産業は致命的な打撃を受けました。しかも、これらの産業は中小企業が主体であり、もともと賃金水準が低いことで知られています。それがコロナショックによりさらに苦境に追い込まれたのです。

　また、日本は海外諸国に比べ、より大規模な金融緩和を行っているため急速に円安が進みましたが、円安は日本の大規模輸出メーカーの業績を引き上げる一方、輸出品を持たない商業、小売り、飲食等の業績にはそれほどプラスの影響は及ぼしていません。

　この結果グラフでみる通り、大企業製造業の業況判断指数と中小非製造業の指数の間の差が大きくなる傾向にあることが分かります（日銀短観のデータによる）。

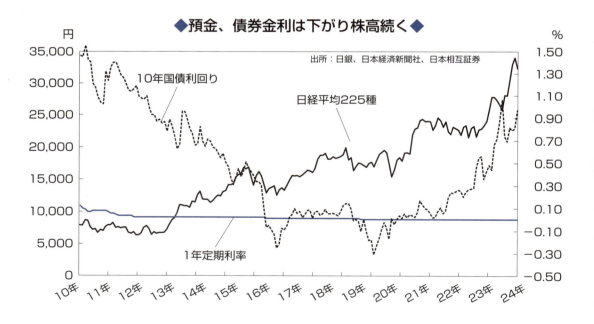

◆預金、債券金利は下がり株高続く◆
出所：日銀、日本経済新聞社、日本相互証券

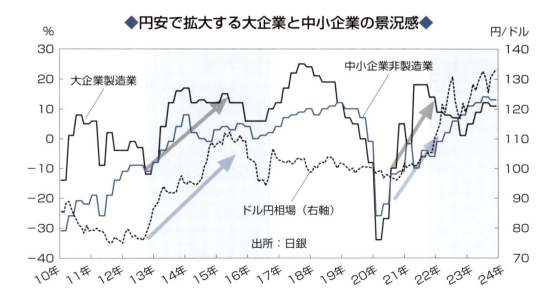

金融緩和⇒低金利、株高も格差を拡大

さらに、コロナショック以前から始まっていた異次元金融緩和からの影響もあります。つまり、金融緩和で金利がドンドン下がり、わが国ではついに2016年に一部の金利がマイナスになるまで低下する一方、日銀が大量の通貨を市場に供給したことで、多くの資金が行き所を求めて株式市場に流入した結果、株価が長期にわたり上昇を続けました。

つまり、富裕者層が株高で資産を増やす一方、ほとんど預金しか選択できない低所得者層は預金利息をほぼ完全に失ってしまったのです。これもK字経済をもたらした背景の1つでした。

デジタル化がもたらす賃金格差

一方、デジタル社会がさらにその技術革新のスピードを上げる中で、学歴による経済格差の拡大も指摘されています。

デジタル技術の高度化にキャッチアップできる高等教育を経た人の賃金と、中等教育しか経ていず、デジタル化の波には乗り切れない産業に従事する人々の賃金格差が拡大していることが、国際労働機関（ILO）などの統計で明らかになりました。

なお、以上の点に加え、2020年からの世界的なインフレも、K字経済をさらに推し進めたことにも注意が必要です。

今回のインフレは主に原油などのエネルギー並びに小麦等の食糧品の価格上昇が核になっており、家計レベルでは電気・ガス並びに穀物といった生活必需品の値上げ幅が相対的に大きいのです。このため、特に低所得者層がより多くのダメージを受けることになったのです。

なお。2023年からは、中小企業非製造業の業績が伸びていますが、これは主に、コロナによる人流制限の自粛が解かれた結果、外国人観光客によるインバウンド消費が急増したことを受けたものだと思われます。しかし、これも2024年以降は伸び悩んでおり、それを映して業況判断指数もほとんど横ばい状態に推移していることがわかります。

7, ESG投資が投資の世界を変える

過去数年の間に資産運用の世界でもっとも有名になった言葉がESGです。環境（E: Environment）、社会（S: Social）、ガバナンス（G: Governance）の英語の頭文字を並べたもの。つまり、企業が健全に発展していくためには、これらの3つの視点を外すことはできないことを示す用語です。

これまでは企業がどれだけ稼ぐ力を持っているかを判断するに際しては、もっぱら定量的な財務情報が使われてきたのですが、それに加え、いくつかの非財務情報を考慮すべきだとする考え方が急速に広まってきています。

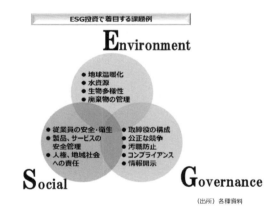

（出所）各種資料

https://money-bu-jpx.com/special/professional/article004462/

環境（E: Environment）

地球温暖化による異常気象や水不足、プラスチックなど各種廃棄物による海洋汚染のほか、成育環境の変化で生物の多様性が損なわれるなど地球的な規模での環境問題が、無視できないレベルにまで及んできました。

社会（S: Social）

高齢化や過疎、人口の都市集中や経済格差の拡大、さらには児童労働や過労死問題、利用者の側に立って製品、サービスの安全管理を行うこと等は世界各国政府・企業が等しく直面している問題です。

ガバナンス（G: Governance）

企業利益の拡大を過度に追求するあまり起こってきたのが、不正会計や顧客利益を損なう不適切営業です。こうした企業レベルでの不祥事を事前に防止するための仕掛けを企業内に備えているかが問われています。具体的には法令順守（コンプライアンス）がなされ、適切な情報開示が行われているかどうか？

投資家が投資の意思決定を行うに際し、こうしたESGの観点を十分尊重する企業であるかどうかを考慮すべき、という考え方が、ESG投資の根幹にあります。2006年に国連が提唱した「責任投資原則」によって、ESG投資が広く知られるようになりました。

日本では公的年金の管理・運営・運用を一元的に行うGPIF（年金積立管理運用独立法人）がESG投資原則に署名したことで知られるほか、世界中の主要投資運営機関がこの「責任投資原則」への賛同・署名を果たしています。

株式投資では以上のような視点で銘柄選定を行うという投資スタンスが浸透してきており、投資信託でもこのESGの理念を正しく掲げたうえで、企業活動を展開している企業に重点的に投資するというファンドが数多く誕生、運用されています。

8，世界経済を揺さぶる脱炭素化の動き

　前述の「ESG」の各テーマ中でも特にキンキツの問題とされているのが、環境（E: Environment）のうちの「脱炭素」です。

　世界的な異常気象が日常化している現在、その主な原因は二酸化炭素を代表とする温室効果ガスの排出による地球温暖化にあるというのが定説になっています。この二酸化炭素の排出量を限りなくゼロにしようというのが脱酸素の取り組みです。

頻発する異常気象

　今、世界各国で脱酸素への取り組みが急がれているのですが、その最大の理由は上に述べた異常気象が頻発していることです。

　18世紀の産業革命以降、石油、石炭等の化石燃料を大量に使用、その結果大量の二酸化炭素を排出することで、地表の熱が宇宙空間に逃げることが妨げられているのです。これが「温室効果」と呼ばれるものです。

　これが引き金になって地球の温度が上昇する結果、海面上昇、巨大台風、洪水あるいは干ばつといった異常気象が世界的に頻発するに至ったというわけです。もちろんこれはヒトへの直接の被害のほか、農産物収穫へも甚大な影響を及ぼします。

　もう1つ大事なことは、こうした化石資源の埋蔵量には限界があることが近年、強く意識されるようになってきたことです。

パリ協定で大きく前進

　こうした問題意識に基づき、2015年12月にフランスのパリで開催された国際会議（COP21）で新しく温室効果ガス排出の削減目標が話し合われた結果、パリ協定が合意されました。これには先進国だけではなく、途上国も含めたすべての国が参加することになったことから世界的な共通認識となったのです。

　近年では、投資信託の中でもこの「脱炭素」に積極的に取り組む企業への投資を重点的に行うファンドが多く誕生しています。

　「脱炭素」の取り組みとして注目されているのは、太陽光、風力、水力、地熱など自然の力を利用したエネルギー資源の有効利用です。

　これらは、二酸化炭素を排出しないのはもちろんのこと、使ってもなくならず、自国での生産が可能であるという点で、優れた特徴を持ちます。

　なお木材や、トウモロコシやサトウキビから生成されるバイオマス（生物資源）などを燃料として使うと二酸化炭素を排出しますが、これらの植物の成長過程では二酸化炭素を吸収しているため、これを含めれば空気中の温室ガスを増やすことにはならないと解釈されています。

メモ

第1部
金融・経済のしくみがわかる15の連想ゲーム

■ 第1部 ■ その1
マーケットを眺望する地図上で "連想ゲーム" をスタート！

1. マーケットの変化は生活に影響を及ぼす

　あらゆるマーケットの変化は、わたしたちの生活に何らかの変化を及ぼします。たとえば、

　円安になれば、物価は上がります。モノが高くなり、お金の購買力が低下します。欲しいモノが買えなくなるかもしれません。しかし、その一方では、外貨で保有している資産を円に換算した実質的な価値は上がります。

　1万ドル分の米国の株式を持っていたとき、1ドル＝100円だと「100万円」ですが、1ドル＝200円の円安になると「200万円」に増えます。

　逆に円高になれば、海外旅行に行くとき円を外貨に両替すると、より多くの外貨が手に入ります。ちょっと、ぜいたくな気分を味わえます。

　それだけではありません。円高になると、国内の金価格が下がります。いままで手の届かなかった純金製の宝飾品を入手しやすくなります。

　また、株価が上がれば、金利も上がるのが普通です。国債の利回りも高くなります。運用面ではメリットがありますが、住宅ローン等を組む場合は金利負担が大きくなるのです。

　一方、米国でインフレ懸念が高まると、米国の長期金利は上がり、米国の国債価格は下がるのが原則です。米国国債ファンドを買っている人にとっては、資産価値が目減りするのですから、困った問題です。

　このように、経済・金融現象の変化は、わたしたちの生活を、いい意味でも悪い意味でも直撃します。さらに、その影響力はどんどん高まってきています。そのためごく**ごく一般的な生活を営んでいく上でも、金利・為替・株価動向が、どのように展開していくかを知らなければなりません。**

　金利・為替・株価動向がどのように展開していくかが、家計運営を行う（行動する）ための前提となるからです。

2. マーケット影響下にある金融資産

　いまや、わたしたちを取り巻く金融商品は、預貯金、債券、株式といった伝統的な金融商品だけではなくなりました。これらをいろいろな手法で組み合わせたきわめて種類の多い「投資信託（ファンド）」、株式の分野では、「ミニ株（単元未満株）」、「株式累積投資」などといった金融商品が存在しています。

　債券の分野でも、先物やオプションを組み合わせた変わり種（だね）が続々と出てきています。外貨建ての金融商品も、旧来の外貨預金だけではなく、「外債」や「外国株式」、外貨建てMMFなどの「外国投信」も数多くあります。

　これらの金融商品の収益性を根本から規定するのは、「長短金利（短期金融市場、債券市場等）」、「株式市場」、「外国為替市場」、さらには「商品市況」、「不動産市況」等のマ

ーケットの動きなのです。

日本の株価が下がれば、株式を組み入れた投資信託の基準価額は下がり、分配金も減ります。株価が下がると金利も下がりがちになります。もちろん、住宅ローンなどの借入金利も下がります。

あるいは、円高になれば、自動車、電機等の企業業績は一般に下落して株価は下がるのです。

つまり、「金利」、「為替」、「株価」、「商品」等のマーケットの動きは、個別金融商品の資産価値を瞬時に変えていきます。すなわち、家計のバランスシートが時々刻々と変わり続けていくというわけです。これらのマーケットは、わたしたちの生活にとても大きな影響を及ぼしているのです。

"金融商品収益の源泉は、
すべてマーケットにあり"

この点について、もう少し詳しく説明しておくことにします。

いささか乱暴にいうと、

「ほとんどすべての金融商品のリターン（収益）は、それがいかに複雑怪奇な仕組みからなっていようと、"株価"、"長期金利"、"短期金利"、"為替相場"、"商品市況"の相場で決まる」

のです。ということは、以上5つの相場が、

「いまどの方向で動いているのか？」

「その理由は？」

「これからどの方向に動くと予想されるのか？」

という問題意識なしには、金融商品とつきあえない時代に入ってきたのです。

たとえば、国内の短期預貯金から得られる収益は、国内の短期金利の"水準"ならびに"その変化"によって、ほぼ100％規定

されます。米ドル預金の収益性は、"ドル円相場"と"米国の短期金利"により、ほぼ完全に決まります。

米国、ユーロなどの海外債券に投資している投資信託だと、"ドル円相場"、"ユーロ円相場"のほか、"米国の中長期金利"、"ユーロの中長期金利"の動きにその資産価値は左右されます。

逆に円高になると、外貨預金や外債など外貨建て商品の資産価値は下がります。また、海外の株式で運用する海外株式ファンドの基準価額は下落します。外貨建ての株式や債券を主たる運用対象としている海外投資型のファンドの運用成績も、低下せざるを得ません。

インフレが進み、金利が上昇すると、長期のスーパー定期など「固定金利商品」は、相対的に有利になる一方、変動金利型国債、ＭＲＦなど「変動金利型商品」は、収益性がアップします。

つまり、**個々の金融商品ごとに、ある外部環境の変化に対して、収益性が"上がるか""下がるか"は異なるのです。**金融商品ごとに、"収益のベクトル"の方向が違うのです。したがって、**資産のポートフォリオを考慮する上では、個別金融資産がマーケットの変化から受ける影響（方向性）を知る必要があります。**

短期の預貯金だけしか持たない場合、金利が現在のようにとてつもなく低い状況下では、資産運用の観点からみれば、お手上げの状態です。あるいは、主に株で運用している人は、2013年半ば以来少なくとも2021年まではどれだけの幸運を手にしたでしょう。

木材の輸入業者が複数の業者から輸入し、スーパーマーケットが生鮮食料品の仕入先を分散しているように、わたしたちの

家計においても、性格の異なる金融資産を適度に組み合わせて保有することが必要になります。それによって、金融資産全体の資産価値は安定するのです。

　サッカーでも、強いチームは、間違いなく、攻めに強い選手と守りに強い選手を揃えています。どれだけ小さな会社でも、営業の得意なスタッフ、経理事務を任せられるスタッフ、研究開発、企画それぞれに能力を発揮するスタッフがいなければ、会社は安定的に経営できません。

☆　　　☆　　　☆

　では、たとえば、
「これから景気が急速に回復していくときには、国内株式は上昇するのは当然ですが、債券の価値はどうなるのでしょうか？」
　あるいは、
「これから円安が進んで、インフレになったとき、国内の金利はどう動くのでしょうか？」
　経済環境の変化によって、具体的な金融資産の価値が、どう変動するかを読むには、基本的な経済ファクターの間にどのようなメカニズムが働くかを知ることが必要です。

3. 基本的な経済メカニズムを知るには…

　経済ファクター間に働く経済メカニズムを知るために必要なのは、経済・金融の動きそれぞれを単一の現象としてではなく、一連の流れとしてみるという視点です。連想的にこの世の中の出来事を解釈していく（連想ゲーム）のです。

　この第1部では、できるだけ専門用語を排しつつ、世の中の経済・金融現象を1つの流れとしてみるための基本を解き明かします。

　そのためには、次ページのようなイメージ図で理解することが効率的です。これは金融・経済の分野で「木を見て森を見ず」にならないために、いつももっていてほしいイメージ図です。言い換えれば、金融・経済の世界に足を踏み入れるに際して、是非とも携行していただきたい「地図」のようなもの。

　第1部では、この図の矢印で示したメカニズムを、ひとわたり説明していきます。

4. 近年に至り多くのメカニズムが不規則な動き

　なお、「景気」「為替」「金利」「株価」「物価」の関係のうち、最近に至りイレギュラーな動きがまま見受けられます。「教科書の理屈通りには動かない」ケースが出てきたのです。

　金利の低下が必ずしも景気に対してプラスには働かない、円安にもかかわらず輸出数量が増えなくなってきたことなどがその例です。あるいは、金融緩和にもかかわらず従来のようには物価が上がらないことや、人々が物価上昇を予想しても消費を増やさないことなども挙げられます。

　近年いろいろな面で、これまでの常識では説明できないことが起こり始めているのです。わが国ならびに世界経済を取り巻く諸環境が、急速に変化してきたためです。

　たとえば、予想をはるかに上回るスピードで進展する経済のIT、デジタル化、新興国が急速に工業化を果たしてきたこと、さらにはわが国の顕著な老齢化等がそれです。

　このため本書では、最近に至りややイレギュラーな動きが観察されるテーマについては、従来の常識的な（かつ教科書的な）メカニズムを説明した後、適宜、〈**最近の動き**〉との小見出しのあとに、その新たなメカニズムについて説明しておきました。

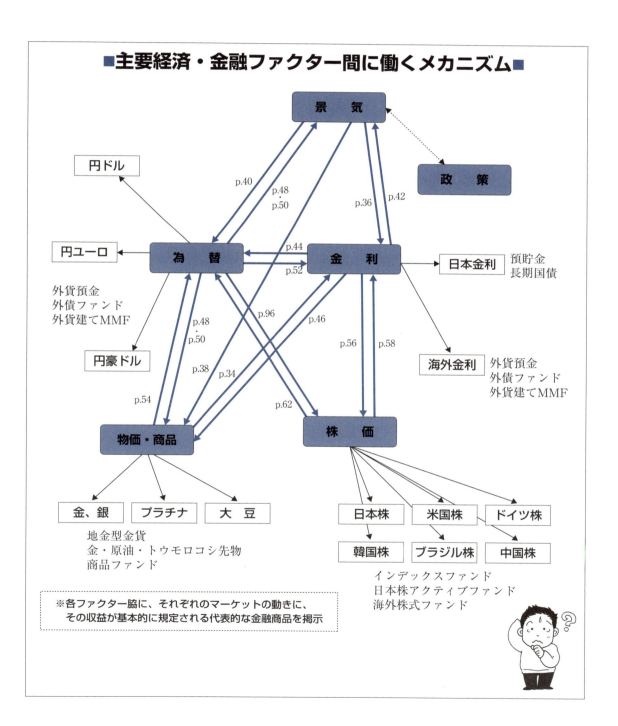

■第1部■ その2
連想ゲームを楽しむための 3つの予備レッスン

レッスン1—需給バランスの原則とは"多数者不利の法則"である

経済社会には、大別すると社会主義経済と自由主義経済があります。これは、経済社会で行われる多くの取引条件が"誰に"よって、また"どのような原則"によって決められるかの違いです。

たとえば旧ソ連、開放以前の中国などでは、モノの価格、賃金は原則として為政者によって決められました。これに対して、現在、多くの国の社会体制では、モノの価格はその時々の需給バランスによって決まります。

需給バランスとは、「**需要と供給のバランス**」です。

キャベツが豊作で八百屋さんの店頭に山と積まれているにもかかわらず、キャベツを買い求める人が少なければ、キャベツの値段は下がります。なぜなら「値段を下げてでも売ろう」と売り手が考えるからです。

あるいは、閉店間際のスーパーマーケットの鮮魚売り場の刺し身の売れ残りは、大幅に値引きされています。

これに対して、東京中央三区（中央、港、千代田区）で大型オフィスビル建築がラッシュ状態を呈し、不動産購入が増えれば、地価は上昇します。つまり、買い手が多ければ値段は上がるのです。

以上が「需給バランスの原則」ですが、これを一言でいうと、「少数者側有利・多数者側不利の法則」となります。

需給バランスの原則
‖
少数者側有利・多数者側不利の法則

これは何も、モノの価格（物価）や賃金だけにはとどまりません。たとえば、わが国では1994年5月以前には定期預金などの金利は、その当時の大蔵省・日銀によって決められ、それ以上の金利を用いることは法律によって禁止されていました（上限金利の規定）。

しかし、その後は金利自由化が行われ、預金金利は各金融機関にゆだねられています。

より預金を欲する金融機関は高めの金利を提示して預金を集め、もうこれ以上預金を必要とはしないと判断した金融機関は、低めの金利を設定して預金を集めないことができるようになったのです。

この原則（多数者不利の法則）を踏まえれば、

「資金を借りる人が多くなれば金利は上がる」

「債券を買う人が増加すれば（買う人にとって不利になるように）債券の利回りは下がる」

といったことは直感的に理解できるはずです。

レッスン2―物価、金利、為替は、いずれも通貨の価値を示すメジャーである

いきなり結論めいた言い方をしますが、"物価""金利""為替"は、いずれも「**通貨価値を測る尺度**」です。

こういえば、まず"物価""為替"については「なるほど」と違和感はないでしょう。

「1ドル=100円」→「1ドル=120円」への変化は、1ドルを買い求めるのに、「100円で買えた」ものが「1ドルを買うのに120円必要になった」のですから「円安」です。

次に、「1キャベツ=200円」から「1キャベツ=300円」の変化は、「キャベツ高」であり、「お金の価値が下がる」=「通貨安」です。ここまでは大丈夫ですね。

問題は、次の"金利"です。多くの人は、「でも、なぜ"金利"が"お金"の価値を表す尺度なの?」と疑問に思われるのではないでしょうか。

再び結論から言うと、"金利"が高いということは、時間の経過に伴う通貨価値の下落が大きいことを示すのです。

「金利が高い→通貨価値の下落が激しい」というのは、ちょっと理解しづらいかもしれません。むしろ「金利が高いのだから、それだけお金が膨れ上がる。これは資産価値が上がるということだ」と反論されるかもしれません。しかし、これは間違いです。

100万円の元本が10年後に「200万円になる場合(金利10%)」と「110万円になる場合(金利1%)」を考えてみます。

金利が10%のときは、預金をすれば10年後には200万円。この場合、タンスにしまっておいた100万円の札束は100万円でしかないのですから、実質的には現在の100万円の"2分の1"の価値に下がります。これに対して後者の場合には、10年後でも"11分の10"の価値を維持しています。

つまり、金利10%より金利1%のときのほうが、10年後の「通貨の価値」の目減りは少ないのです。へそくりとして100万円をタンスに隠していたら、10年後にはその"お金"の価値の下落率は、金利10%のほうが大きくなるのです。

実は、以上の点は、経済メカニズムを理解する上で重要なヒントを与えてくれます。対外的に価値が高まっている通貨(**円高**)は、金利という尺度に照らしても価値が高まっており(**金利下落**)、物価を基準にみても価値が高くなっている(**物価下落**)というのが原則なのですから…。

つまり、円高は、金利下落を招きますし、同時に物価の下落を促すのです。

■**通貨価値が高くなるときのサイクル**■

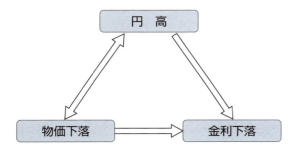

■**通貨価値が下がるときのサイクル**■

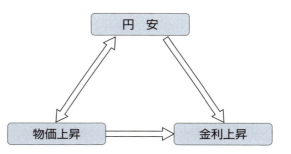

レッスン3—債券の価格と利回りは逆に動くことについて

金利を理解するには、債券の基本を知っておくと断然便利です。なぜなら、金利変動については「債券の買いが増えたから利回りが下がった」「オイルマネーが米国国債の購入に向かい、10年長期国債利回りは低下」というような文脈の中で報じられることが多いからです。

多くの人は「金利」といえば、預金金利、住宅ローンなどのローン金利を思い浮かべるかもしれません。

しかし、金利の中で最も自由に決まるのは、実は債券利回りなのです。「自由に決まる」ということは、「自由な需給バランスに応じてその価格、利回りが決まる」ということです。

☆　　　☆　　　☆

ここではまず、

「債券とは、お金が必要な人がお金を融通してくれる人に振り出す借用証書のようなもの」

とだけ理解しておいてください。

この場合、最低限

① **「満期までの期間」**
② **「債券保有者に毎年に支払われる利子」**
③ **「額面100円の債券を取得できる価格」**

の3つが決められます。

さて、ではここに期間2年、クーポン3％、額面金額100円の債券を想定します。つまり、この債券を買えば「今後2年間、年に3円（額面100円の3％分）の利子が得られ、2年後の満期時にはこの券面と引き換えに100円のお金が払い戻される」ことが約束されているのです。

では、この債券が午前中には80円で買えたのに、午後には90円になったと考えてみましょう（こんな短時間にこんなに急激に価格が変動することはまずあり得ませんが…）。さて、80円で買えるときと90円のときとでは利回りはどちらが高いでしょうか。

まず（いくらでこれを買うかには関係なく）、この債券を満期まで持っていれば、最終的に受け入れるお金は106円ですね（100円＋3円×2）。これは、この債券をいくらで買った場合でも同じことです。

であれば、より安く買ったほうが得に決まっています。つまり、「価格が安いほうが収益性は高い」。したがって、「利回りも高い」のです。**「価格が下がれば利回りは上がり」「価格が上がれば利回りは下がる」**のです。

☆　　　☆　　　☆

数字を使って考えてみましょうか。80円で買えたときには最終的な収益は26円。したがって1年当たり13円。この13円は当初の投入資金80円に対して16.25％に当たります。これが債券の利回りです。

一方、90円で買ったときの収益は16円。1年平均で8円。この8円は当初投入資金の90円に対して8.89％に当たります。

■債券の価格と利回りの関係■

額面100円 ………	満期に100円が返ってくる
クーポン3% ………	1年に3円の利子を受け取る
期間2年 ………	2年後に満期を迎える

（この債券を満期まで持っていれば106円を手にする）

80円で買ったとき	90円で買ったとき
$\dfrac{(106-80)/2}{80} \times 100$	$\dfrac{(106-90)/2}{90} \times 100$
$=16.25\%$	$=8.89\%$

この理屈が分かれば、次のような間違いをすることもないと思われます。これは、わたしがある証券会社の支店長氏から聞いた実話を下敷きにした話です。

《あるエピソード》

Ａさんは、退職金2,000万円のうち600万円で米国の10年国債を買いました。利回りは4％。10年先の満期償還時まで保有するつもりだったのですが、買ってから1年目に利回りが5％になりました。そこでＡさんは考えたのです。

■債券の基本　これって正しい？■

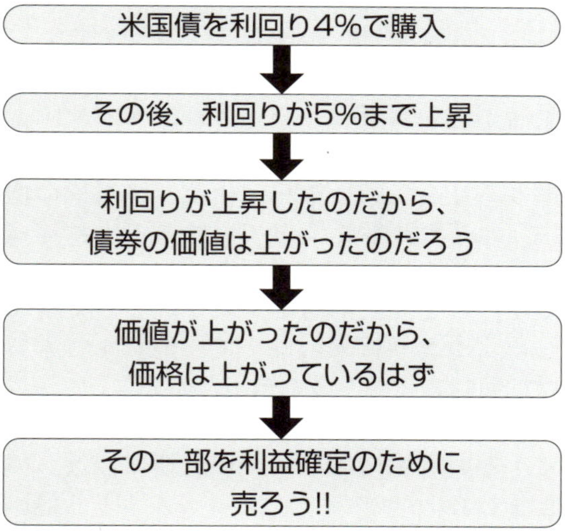

米国債を利回り4％で購入

↓

その後、利回りが5％まで上昇

↓

利回りが上昇したのだから、
債券の価値は上がったのだろう

↓

価値が上がったのだから、
価格は上がっているはず

↓

その一部を利益確定のために
売ろう!!

「4％が5％に上昇した」→つまり「この債券の価値が上がった」→ということは、「この債券の価格も上がったことになる」→では、「600万円のうちとりあえず200万円だけ利益確定のために売ろう」と…

債券では「**価格が上がれば利回りは下がる**」「**利回りが上がるということは価格が下がっているということ**」という最も重要なことが理解しづらい最大の原因が、このエピソードに隠されていると思うのです。

さて、Ａさんはどこが間違っていたのでしょうか？

そうです。「債券の価値が上がった」というクダリが間違っています。

ここは、「（これから債券に投資しようとする人にとっての）**投資価値が上がった**」というべきです。さらには、「投資価値が上がるということは、**価格は下がることである**」と判断すべきだったのです。

同じ収益をもたらす投資物件であれば、価格は安いほうが投資価値は高いのですから。これは、賃貸用マンションを買うことを考えれば直感的にお分かりいただけますね？

つまりＡさんは、「**利回りが上がった**」→「**投資価値が上がった**」→「（ということは）そのもの自体の価値は下がった」→「（つまり）**価格は下がった**」と判断しなければならなかったのです。

連想ゲーム その1　物価→金利

モノの値段が上がれば金利も上がる

物価が上がると、個人、法人も、消費に積極的になり、資金需要が高まる。そこで、貸出金利、債券利回りなどあらゆる金利が上がる

　経済メカニズムを語る上できわめて重要なテーマは、物価の動きが金利に対して与える影響です。結論からいいますと、インフレ率（消費者物価指数の前年比での上昇率）と金利の動きとはよく似た動きを示すのです。

　身近な商品の値段がどんどん上がる場合を考えてみましょう。たとえば自動車。

　「自家用車がこれからさらに値上げされそうなので、高くならないうちに買っておこう」となるでしょう。

　あるいは、ガソリンまたにタバコ類が値上げされることが確実な場合も同じこと。これは、企業、個人も同じです。

　つまり、早めにモノを購入しようとするわけです。この場合、消費が増えるので、その消費を支えるためお金が必要です。

　たとえば、銀行からの借り入れが増えます。そして、銀行は貸出金利を引き上げます。

　また、銀行は貸出増加に対処するために債券を売って、お金を調達するかも知れません。

　この場合、債券売却増加→価格下落→債券利回り上昇→あらゆる金利が上昇というメカニズムが働きます（ここが分かりにくい方はもう一度18ページを参照ください）。

　また、物価の上昇を抑制するため、中央銀行は金利を上げるのが一般的です。なぜなら、金利の引き上げは物価上昇を抑制するからです（このメカニズムについては31ページで説明）。

＜最近の動き＞

　最近では物価が上がっても金利は上がりづらくなってきています。とくに日本ではそうです。

　「物価が上がると金利が上がる」という旧来の常識には、無言の前提がありました。つまり人々は**「値段が上がると思えば、繰り上げて買う」**。だから**「金利が上がる」という理屈でした。ところが、その前提が覆りつつあるのです。**

　つまり従来は、生活はまずまず安定し、雇用の心配もほとんどなく、少しずつでも生活が豊かになっていくのはアタリマエという安心感があったのです。しかしいまは違う。社会保障の縮小、相次ぐ消費税の増税、急速な高齢化などでいままでとは違った将来像を描かざるを得なくなってきたのです。ここで生活防衛意識が高まってきました。つまり将来に備えて、消費をできるだけ抑制しようと考え始めたのです。

　たとえば、新品を買わずに中古で済ませる、という生活スタイルが急速に浸透してきました。「ヤフオク」や「メルカリ」等、フリマサイトがそれを可能にしました。

　「企業」も少なくとも国内では積極的な設備投資は控えています。

　いまや、消費、投資するために必要なお金を企業や個人は積極的には借りなくなってきたのです。借り入れが増えなければ金利は上がるはずはありません。

【記事例】

『消費者物価の上昇で長期国債利回りは一斉に上昇』

　物価が上がると消費が加速します。つまり消費が前倒しになります。活発な消費を支えるためお金に対する需要が高まるため、最も純粋な金利商品である債券の利回りも上がります。

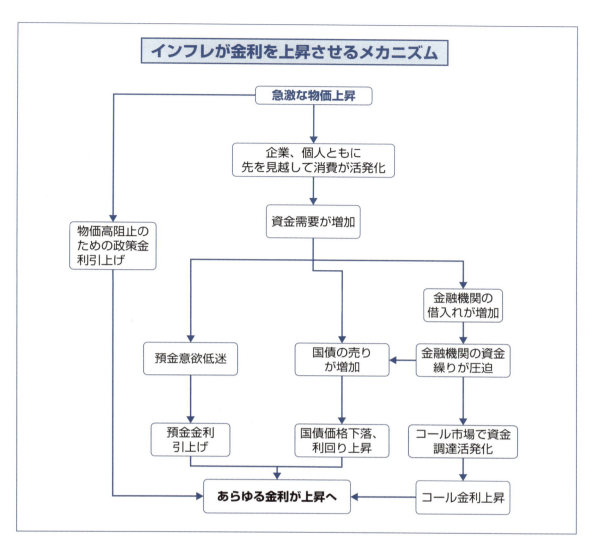

連想ゲーム その2 景気→金利

景気の拡大は金利全般の上昇を促す

景気上昇＝企業活動が活発になると、経済活動を支える資金が必要となり、資金需要が高まる。そのため、お金の価値である金利が上がる

　金利の先行きを考えるに際して、最も重要な視点は、「景気の良し悪し」です。

　結論からいいますと、景気が回復してくると金利は上がり、景気が後退する時期には金利は下がっていくものなのです。

　まず、景気が良いときには、製品などの売れ行きがいいので、企業は活発な活動を展開するための資金的な裏付けが必要です。

　運輸業界であれば、トラックなどを新たに買い入れ、稼働台数を増やすでしょうし、新たに運転手を雇わなければなりません。

　建設業界では、建設機械などにかかる設備投資が、そして臨時工を新たに雇い入れます。とすれば、企業は金融機関から資金を借り入れる、あるいは保有している債券などの金融商品を売ります。

　ここでは、すでに金利の上昇条件が揃っています。なぜなら、銀行への借入需要が高まると、銀行は金利を引き上げます。また、銀行は貸出金を用立てるために保有債券の売りを増やすと債券の価格は下がり、利回りは上昇するからです。

　すなわち、「**景気が上昇（企業活動が活発になる）→企業活動を支えるためのより潤沢な資金が必要になる→お金に対する需要が高まる→お金の貸借について回る金利が上昇する**」というメカニズムを通じて金利は上昇するのです。

＜最近の動き＞

　2024年3月に日銀は11年ぶりの利上げに踏み切りましたが、わずか0.1％にとどまりました。今後は景気が上向いたとしても、これまでと違って金利は上がりにくくなってきたと考えられます。なぜか？

　景気拡大で金利が上がる、という常識は、「企業は資金が不足している」→「だから新たなお金を借りる必要がある」という前提があったのです。しかし企業は今、古い設備を買い換えたり、省エネのための設備投資にお金が必要になっても、もう銀行から借りなくなった。なぜなら、企業は稼いだ利益の多くを抱え込み、巨額の金融資産を持ってしまったからです。

　実はわが国の企業は全体としてみれば、20年も前から資金余剰部門になっていたのです。「250兆円もの現預金を抱え込んだ法人企業」といった報道を見かけますね。そう、企業は経済社会の1セクター（部門）としては「お金が不足している」のではなく「お金が余っている」部門になってきたのです。

　ですから、お金が必要になっても改めて銀行から借りたり、社債を発行したりする必要性が薄れてきた。こうして景気が多少良くなっても金利は上がりにくくなってきたのです。

【記事例】

『景気減速を示すデータを受け、米国金利は下げた』

　「景気が悪いので、企業や家計からの資金需要は減るであろう」との予想により、米国金利は下げました。資金需要の低迷は、金利の低下要因です。

『経済成長率の予想以上の上昇を受け10年国債は売られ、利回りは0.3％台に上昇』

　「景気が良いので、企業等の資金需要が高まるであろう」との予想から金利上昇＝債券価格下落予想に基づき債券を売る動きが出てきました。そして債券利回りは上がりました。

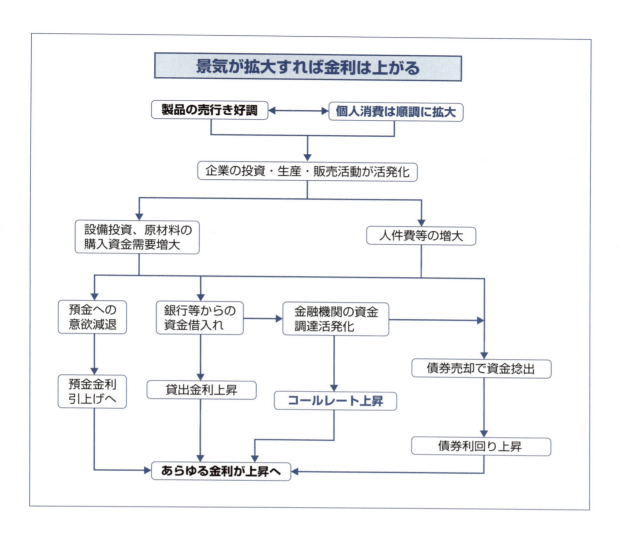

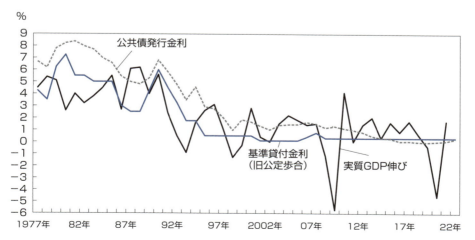

連想ゲーム その3　景気→物価

景気が良くなっていく過程では物価が上がる

> 景気がよい時には、企業、個人とも、製品およびサービスに対する買いを増やすため、これらの価格が上昇するのが一般的

　デフレという言葉には二面性があります。1つは「物価一般の持続的な下落現象」であり、もう1つは「景気の低迷、後退」です。

　これは、**物価下落**と**景気後退**が同時に起こりがちであることを示しています。

　景気がいい状態を想定してみましょう。こんな時期には、企業活動は拡大しています。

　つまり、メーカーだと生産量を増やすために、原材料、素材の購入を増やします。すなわち、こうしたモノに対する買いが増えるわけです。

　とすれば、まず、原材料価格は上がります。たとえば、パソコンの組み立ての過程でDRAMという読み書き自在の記憶素子の価格も上がり、大型ビルの建設が増えれば、棒鋼の値段が上がります。

　また、労働力に対する需要が高まるので、人件費も上昇するでしょう。生産量を増やすためには、一般に労働時間も増えます。

　こうして生産コストが上昇すれば、生産した製品の販売価格も上げなければなりません。逆に言ってもいいでしょう。つまり、製品価格を上げても消費が減らないと見込めるから、企業は多少コストが上がっても生産量を増やすのです。

　一方、消費者の大半を占める賃金労働者の側から考えてみましょう。企業が生産を増やすためにより多くの労働力を必要としているのですから、需給バランスからいって賃金は上がります。つまり、製品価格が多少上がっても、賃金が上がっているだけに、消費活動は減退することはないのです。

　いずれにしろ、景気が良いときには、企業は生産を拡大、消費も増えるため、物価が上がるのが原則です。

　逆に、**景気が悪いときには、物価上昇率が下がるか、場合によっては値下がりする**というのが基本的な経済メカニズムです。

＜最近の動き＞

　しかし、最近日本では物価が上がりにくい。

　東南アジアなど、安い労働力を大量に使える新興国で、一気に工業化が進んだことが原因の1つ。100円ショップや量販店に並ぶ多くの小物、雑貨、文具、あるいは衣類などに至るまで低価格製品がラッシュ状態となったのです。

　さらに日本の高齢化も大きな要因です。高齢者の消費は、景気にはあまり影響されません。現役世代なら、「景気が良くて賃金が上がったから、ちょっと財布のヒモを緩めようか」となります。景気との関連が強いのです。

　しかし、預貯金と年金に依存する高齢者の消費は景気や賃上げとはほぼ無縁です。

　このため、**景気と家計消費の因果関係は徐々に薄れてきた**というわけです。

　2022〜23年、欧米では7〜10％も物価が上がっているのに、日本は3％台にとどまっています。

【記事例】

『設備稼働率の低下が明らかになったことで、物価上昇懸念は薄れてきた』

設備稼働率は、メーカーがどれだけ機械等設備を稼働させているかを示すデータです。稼働率低下は、企業による生産の抑制を示します。つまり、景気は悪いので、物価はさほど上がらないと予想されるのです。

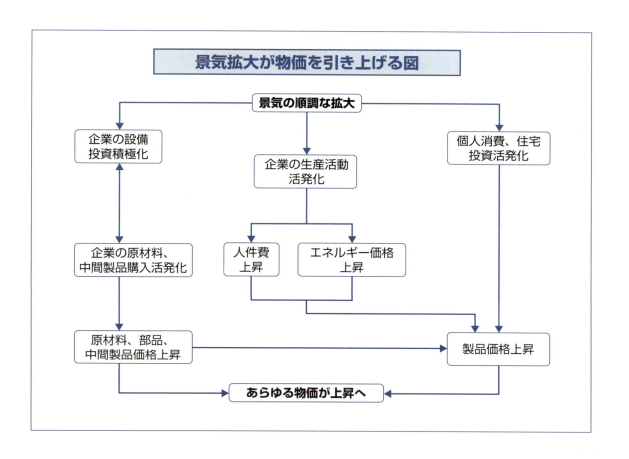

◆景気の良し悪しと物価変動の関係を見る◆

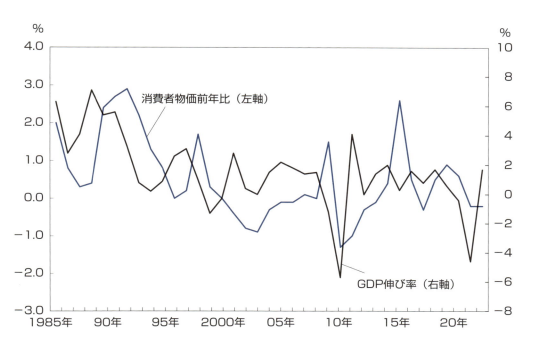

連想ゲーム その4 景気→為替

景気が相対的によい国の為替相場は上がりがち

景気拡大は、輸出力（国際競争力）の強化、貿易黒字・直接資本輸入の拡大を伴い、その国の為替相場を引き上げる

「景気→為替相場」の関係を、まず金利を介して考えてみます。連想ゲーム2で述べたとおり、景気の上昇はまず金利を引き上げます。「金利が一段高になった」とイメージしてみましょう。

日本の金利が、たとえば2%から3%と一段高になるわけですから、米国からみて、日本の債券など金利商品の魅力が高まります。このとき、米国の投資家から日本の債券への買いが増えます。

米国の投資家が日本の債券を購入する過程では、米国の投資家は、米ドルを売り、円を買います。米国の大手年金基金が日本の長期国債を購入するには、基金が持っているドル資産を円に換えることが必要です。

あるいは、海外の企業などだけではなく、日本の生命保険会社なども、同じように保有しているドルを円に換えて、日本の円建ての債券を購入しようとするでしょう。このため、円高・ドル安が進みます。

では、景気の上昇あるいは過熱状態が往々にして過剰生産物を生み出すという側面に注目してみるとどうでしょうか？　こうした過剰生産物は、国内の需要を上回っているわけですから、基本的には輸出に向かうほかありません。

この場合、国内の輸出業者は生産品を輸出して受け取ったドルを売って円に換える

ため、円高・ドル安が進みます。1980年代終わりまで日本の経済成長率は先進国の中でトップクラスを続けていたこと、この間に日本は輸出主導型経済であったこと、そして基調的に円高が進んでいたことを振り返ってみれば分かります。

このほかにも、景気の拡大がその国の通貨価値を引き上げるケースがあります。

たとえば、日本の景気が良くなれば、米国から日本へ工場が進出し、あるいは現地法人の設立などによって、直接的な資本流入が多くなります。むろんこれは円高を促します。

ただし、以上とはちょっと事情が異なる場合があります。景気の上昇が主に個人消費の増大によって牽引される場合です。このときには、活発な国内の個人消費によって、一時的に輸入が増えることがあります。この場合には、輸入の増加でその国の貿易収支黒字額が減少したり、貿易赤字額が増えたりします。これは、その国の為替相場を下げます。

以上のように、「景気が上昇している」といっても、それがどのような理由、背景によるものなのかによって、為替相場に対する影響は逆になることがままあることには注意が必要です。

【記事例】

『日本の実質GDPの伸びが予想を上回ったことから、外為市場では円買いが先行』

日本の景気が予想以上に良いときには、企業は輸出代金を稼いでそれを円に換えるため、円高になるでしょう。また円高になる可能性が高いのであれば、あらかじめ円を買っておこうとする人が増えるためこれも円高を促します。

『日米の景況感の差から米ドルが買われる』

日本の景気より米国の景気のほうが良いため、米ドルが買われています。

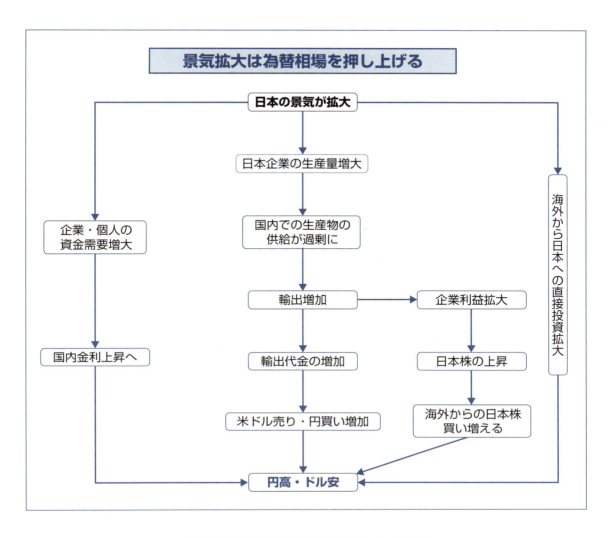

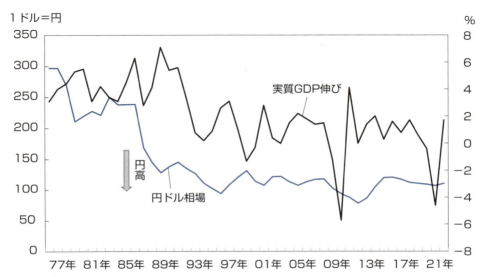

連想ゲーム その5　金利→景気

金利が下がることは景気に対してはプラス要因だ

金利が下がれば、企業の借入金コストが下がり、企業業績も上がる。住宅投資等個人消費も拡大し、企業の生産活動は活発に。景気は拡大

貨幣経済が高度に発達した今日、ほとんどあらゆる経済活動は、お金を媒介にしています。そして、そのお金の貸し借りについて回るのが金利です。

その金利水準に応じて、企業や個人は、お金の使い方をコントロールしています。

家計では、「住宅ローン金利が2.5％から1.5％に下がったので、借入可能な金額が3,000万円から3,500万円になった」「このため、購入を予定していた住宅も4,000万円ではなく4,500万円でもOK」となるかもしれません。

企業だと「販路拡大のため配送用のトラックを新しく30台増やすつもりだったが、銀行からの借入金利が1.65％から0.65％まで下がったので、借り入れを増やそう」「したがって、30台ではなく35台買えるな」と考えるでしょう。

こうなれば、住宅建設・販売業者やトラックの製造・販売会社の売上が増え、利益も増えます。

こんなときには、従業員の時間外手当も増え、賃金も上がります。そして、従業員のお財布のヒモが緩くなり、外食が増え、パソコンや自家用車の買い換えもワンテンポ速まります。

つまり、以上のように個人の消費活動、住宅投資活動も活発になり、企業が行う設備投資も増えます。

金利低下は経済活動に刺激を与え、景気を浮揚させるというのが原則なのです。

☆　　☆　　☆

＜最近の動き＞

しかし、最近では金利引き下げによる景気拡大効果は薄れてきたとの見方が優勢です。なぜでしょうか？

旧来の常識では、金利低下で「借りる人にとって有利になる」という側しか見ていません。しかし、貸す側、つまり貯蓄する側にとって金利が下がるってことはどういうことか？という面も考慮しなければならなかったのです。

日本人は、ほとんど無意識のうちに、企業は常に「お金の借り手」であることを当然だとしてきました。

しかし2024年時点ではわが国の企業はすでに300兆円を超える巨額の現金・預金を手にしています。中には実質借り入れゼロ＝純預金がプラスという企業も少なくないのです。これらの企業にとっては、金利の低下は業績にはむしろマイナスです。

一方、家計に目を転じてみれば、日本の家計が持つ2000兆円の金融資産の半分に当たる1000兆円は預貯金です。金利の低下はこの利息を減らします。いや、すでにこれ以上減りようがないのですがいずれにせよ、金利が下がれば利息は減るのです。これは明らかに家計収入を減らします。

つまり、**金利低下が景気にはマイナス効果を及ぼす面を無視できなくなってきた**のです。

【記事例】

『長引く低金利政策が企業収益を支え、景気回復に寄与している』

政策的に金利が低い水準に維持されているということは、主に借入超過部門である企業の借入コストを低位に誘導していることを意味します。これは、企業収益、ひいては景気回復のための条件を形づくっています。

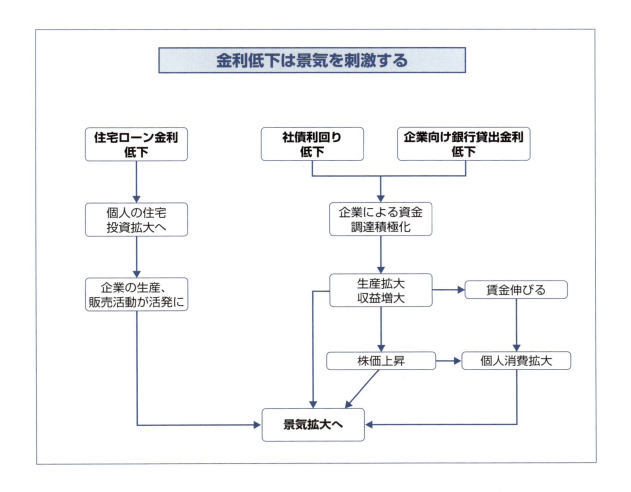

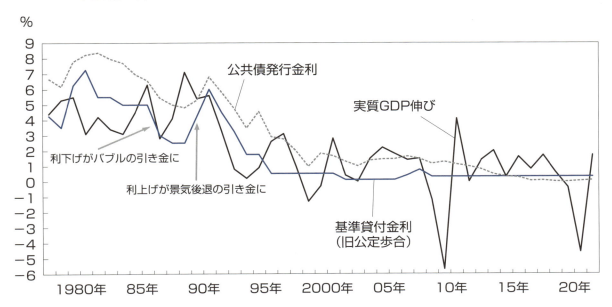

連想ゲーム　その **6**　　金利→為替

金利が高くなれば その国の為替相場は 上がる

金利変動は、内外の資本移動を変え、ひいては、為替相場に影響する。基本は、『金利高→資金吸収力増大→通貨価値増大』である

　ほとんどの先進諸国が為替管理を自由化している（通貨の売買などについて原則として規制しない）中では、さまざまな動機による為替売買が行われます。その中でも最もマネー経済の色濃い取引が、株式、債券などの有価証券の売買を通じた為替売買です。

　いまでは、原則として、国境を越えた株式、債券の売買は自由に行えますし、日本企業が米国やユーロ市場で各種債券を発行することも、ごく一般的に行われています。

　であれば、こうした資本の移動が為替相場を変えることは当り前。

　このとき、円高がさらに進むのか、それとも、反転、円安の方向に振れるのかは、内外の金利に大きく左右されるのです。

　日本の金利はほとんど変化がないにもかかわらず、米国の金利が一段高になったとしましょう。たとえば、期間10年で発行される米国国債の利回りが1％から一気に4％に上がったと想定します。一方、日本の10年国債は0.25％で変わらなかったとします。

　この場合、誰が見ても、米国の国債の魅力が高まります。

　このとき、たとえば、日本の個人投資家や生命保険会社など機関投資家は、どう考えるでしょうか？

　そして、どのように行動するでしょうか？

　それまで日本の預貯金や債券などで運用していた資金の一部を引き出して、それをより高い利回りで運用できる米国の金融資産—たとえば10年国債—で資金を運用するでしょう。

　この過程では、一般に日本の国債などを売って得た円を米ドルに換えるという為替売買が行われます。これはただちに、**円安・ドル高圧力**として働きます。

　あるいは、日本の個人は、投資信託を通じて米国の高利回り債券を購入する（各種の外債ファンド等）ことも想定されます。

　この場合、米国の国債で運用されている投資信託が日本の個人によって買われ、その資金が最終的に米国債券の購入に向かいます。

　もちろん、この過程でも円が売られ米ドルが買われるため、外国為替市場では**日本円安・米ドル高圧力**が働くのです。

　なお以上で述べたことは、まさしく2021～2022年におきたことです。グラフでみてもこの間に米国金利が一気に上昇するとともに、ドル高円安が急速に進んだことがはっきり分かります。

【記事例】

『内外金利差の拡大が、昨今の米ドル高の背景にある』

　ここでは、日本の金利より米国金利のほうが高いことが前提となっています。つまり、内外金利差の拡大とは、『米国の金利−日本の金利＝金利差』が拡大するのだから、ますます米国の金利商品の魅力が高まることを意味します。であれば、より高い金利を求めて日本円から米ドルへ資金が移動するのは自然です。これは、円安・ドル高要因です。

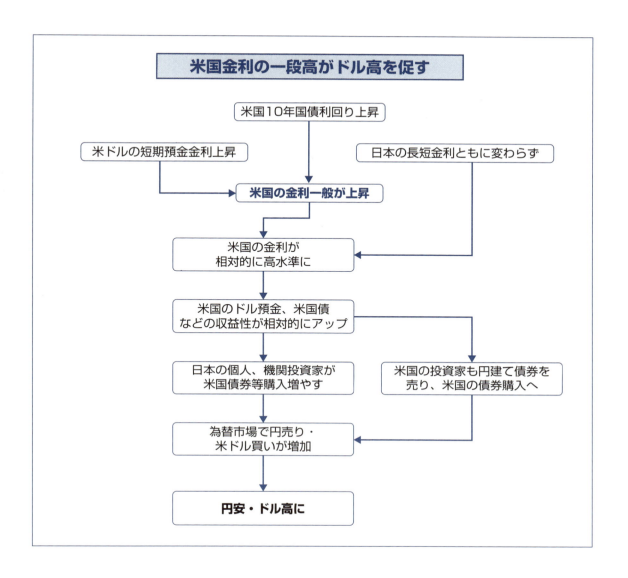

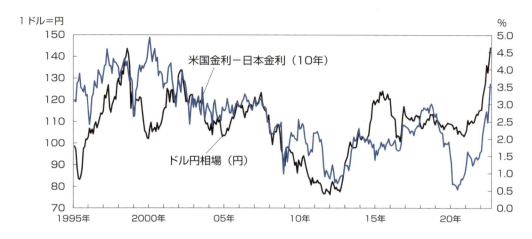

連想ゲーム その7　金利→物価

金利が下がれば物価は上昇するのが原則

金利低下により、企業、個人の資金借入意欲は高まり、使えるお金は多くなる。消費が増え、需給バランスからモノの値段は上がる

日本銀行は「**物価の番人**」と呼ばれます。つまり、物価を必要以上に変動させないように見張るのが、日銀の重要な役割なのです。

ここで「**物価とは通貨価値そのものである**」と言い換えると、このテーマは「**通貨価値を適切にコントロールするのが日銀の重要な役目**」とも表現できます。

つまり「物価の番人」とは「通貨の番人」であり、「通貨価値の安定を守ることが最大の使命である」ということなのです。

まず、物価を上げるために政策金利を下げる場合を考えてみましょう。**政策金利を下げれば金融機関の企業、個人向けの貸出金利が下がる**ことは、容易にお分かりだと思います。

当然、貸出金利の下落は、これを借り入れる企業あるいは個人の利子負担（資金調達コスト）を軽くします。この場合、次のような現象が起きます。

まず、貸出金利の下落に伴って企業、個人の借り入れが増えます。すると、モノやサービスの購入が増えます。

たとえば、年5%の住宅ローンが、3%台に下がれば積極的に借り、住宅取得に向かう。とすれば、住宅建材の価格が上がります。つまり、民間全体でモノを買う力（購買力）が上がるのです。

購買力が上がれば、それに応じて、**モノの値段は上がります**。つまり、物価上昇効果を持つのです。

＜最近の動き＞

2000年ごろからは、デフレ経済からの脱却＝物価を引き上げるために日銀は金利引き下げを含む金融緩和を続けています。にもかかわらず、わが国の物価はあまり上がらない状態が続いてきました。理由の1つは、すでに「連想ゲーム3」の後半で述べたとおりです。

ただしそれ以外にも理由があります。キーワードは**IT、デジタル技術の飛躍的な進展**です。

2000年前後から、各種のデジタル技術の進展に支えられる格好で、情報通信革命に一気に拍車がかかったことは、ご承知のとおり。

なかでも、スマホに代表される電子機器の多様化の影響は絶大です。

スマホの機能が上がるにつれ、カメラ、ビデオレコーダー、固定電話、ラジオなどへの需要が激減、価格はドンドン下がりました。

一方、デジタル技術の進展は、あらゆる商品の流通システムを根底から変えました。アマゾンに象徴される電子商取引（EC＝Eコマース）の急拡大がその象徴です。

実店舗を構えた場合に比べ、人件費等のコストが極端に低い電子商取引では、多くの商品の値段を下げられます。楽天しかり、ヨドバシカメラ等の通販もその例です。

さらに電子化された財、サービスの価格も同様。レコード、CD、DVDさらに書籍など各種出版物は電子化されることにより、その再生産コストは限りなくゼロに近くなったのです。

【記事例】

> **『デフレ脱却のために政策金利を引き下げ』**
>
> デフレとは物価が下がり続けている状態。金利引き下げで家計、企業部門の借り入れコストを軽くして、借り入れを増やせば民間全体で購買力が増える。つまり消費、投資が増えるため物価は上がる。こんな効果を狙って政策金利を上げるというメカニズムを指しています。

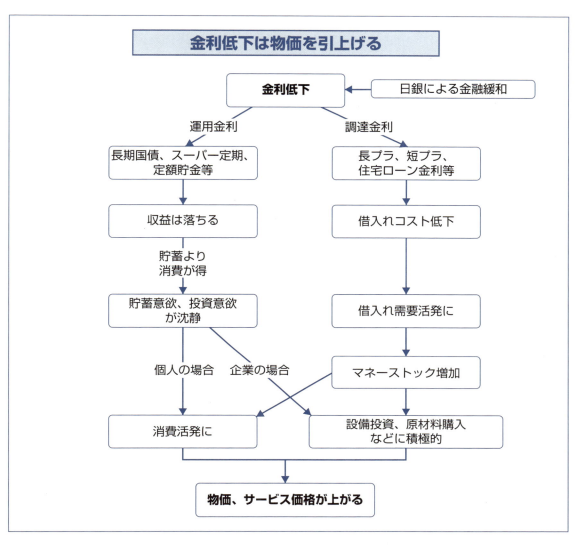

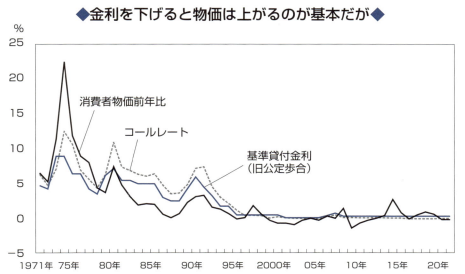

連想ゲーム その8

円安で国産品の価格競争力は高まり、輸出は伸びる

為替→輸出活動、国産品の価格競争力

為替相場の変動が実体経済に与える影響のうち、最も大きいものが輸出入の動向だ。基本は『円高→輸出の減少』、『円安→輸出の増加』だ

　為替相場の変動が日本の実体経済（景気）に与える影響のうち最も大きいものが輸出の動向です。つまり、為替相場の変動により、日本の輸出企業の業績が変わるのです。

　日本の産業構造は、総じて自動車、機械といった輸出関連企業が中核を成しています。ということは、これらの企業の売上は為替相場の動き如何で大きく変わることから、為替相場は、日本の景気を大きく左右します。

　為替相場の変動は、1つには、輸出業者の売上代金を変えます。さらに2つめには、輸出先の通貨での価格（輸出価格）の変動を通じて輸出品の価格競争力に影響を及ぼします。

　1ドル＝100円から200円へと円安が進んだ場合、自動車を輸出する業者にとっては、この円安は次のことを意味します。

① 1台＝1万ドルの車を輸出する場合。1ドル＝100円時代には、受け取った1万ドルを円に換えれば100万円だが、1ドル＝200円のときには、200万円になる。

② 1ドル＝200円の円安になれば100万円の売上を得るには、同じ車を5,000ドルで売ればよい。この場合、米国の車の輸入業者にとって輸入価格は半額になるため、米国市場での流通価格も半額になる。つまり、ほぼ同じ性能の米国の車と比べて価格面で断然有利になる。

　つまり、日本の輸出業者からみると、「ドル建てで同じ価格で輸出すれば、売上が増えるし、値段を下げても売上は確保できる」となるのです。だから日本の自動車が価格面で優位になり（＝価格競争力が高まり）、輸出は伸びるというわけです。

　　　☆　　　☆　　　☆

＜最近の動き＞

　以上のように、円安になれば輸出量は増えるのが普通でした。ところが、2013年の頃からこの常識が通用しなくなってきました。なぜか？

　輸出企業は円安にもかかわらず輸出価格を下げなかったからです。価格を下げて輸出数量を増やすのではなく、「ここで一気に儲けてやれ」と考えたのです。

　2008年のリーマンショック直後の円高により、輸出企業は収益面でダメージを受けたことが1つ。2つめには「もう一度円高になったときに、今度は値上げを要求しても難しい」と考えたのです。

　さらには、値下げすれば売れ行きが増えるという輸出製品は減っていた。その代表が洗濯機、冷蔵庫、炊飯器などの白物家電でした。これに代わってたとえばスマートフォンに組み込む小型モーター、カメラセンサー、リチウム電池等が増えてきたのです。これらの高付加価値製品は値段を下げたからといって多く売れるものではありません。

　かくして、円安になっても輸出量は増えにくくなってきたのです。

【記事例】

『円安により、自動車、機械製品の価格競争力が強まる』

　1ドル＝100円→200円の円安の場合は、1万ドルで売っても売上は100万円から200万円に増えます。しかし、この場合には売値を1万ドルに据え置くのではなく、たとえば、8,000ドルに下げるという戦略をとるのが普通でした。それでも売上は160万円です。つまり、輸出先の国での価格引き下げが可能です。この場合、輸出数量も増えるのが原則でした。

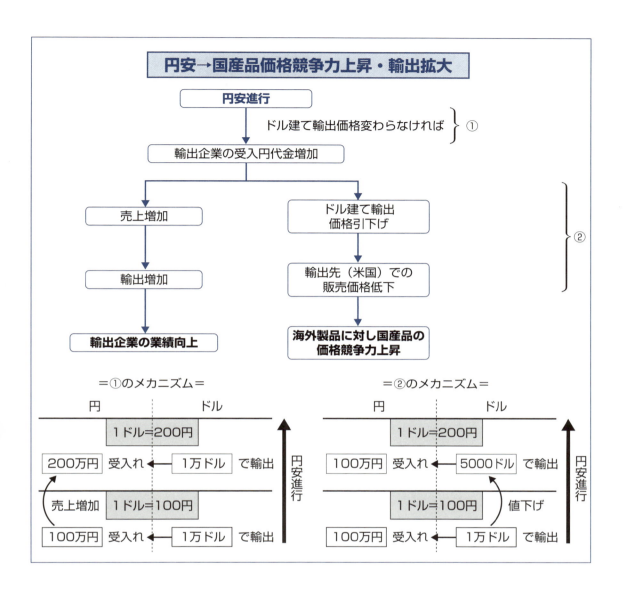

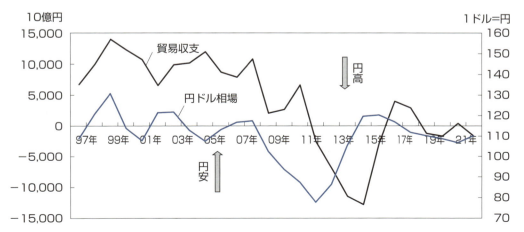

連想ゲーム その9

円高で輸入品価格が下がり輸入が増える

為替→
輸入活動、国内物価（インフレ率）

ある国の為替相場が上がれば、その国の輸入量が伸びて国内消費が増加、為替相場が下がれば、輸入が減少するのが原則

わたしたち日本人が実感として感じにくいのが、「円安インフレ」だと思われます。ほとんどの国では、自国通貨が世界の基軸通貨である米ドルに対して、中長期的に下がり続けたという歴史をもちます。このため、自国通貨安が国内の物価を引き上げることに対する警戒心は、とても強いのです。そのメカニズムは、次のように考えると分かりやすいでしょう。

すでに連想ゲーム8で述べたように、輸出業者にとって、円安は売上（円資金）の増加、あるいはドル建て価格の下落を通じた価格競争力の上昇というメリットをもたらします。

では、日本の輸入業者にとり円高は何を意味するでしょうか。輸入決済代金がドルの場合と円の場合に分けて考えてみます。

①ドル建て輸入の場合；1ドル＝200円のときに、ドル建てで1億ドルのモノを輸入した場合、手持ちの200億円を1億ドルに換えて支払う必要があったが、1ドル＝100円になれば、100億円の円を用意、これを1億ドルに換えて支払えばよい（右ページ図参照）。

②円建て輸入の場合；1ドル＝200円のときに円建てで200億円のモノを輸入すると、米国の輸出業者は200億円＝1億ド

ルを受け取る。ところが1ドル＝100円のときには200億円の円を受け取り、これをドルに換えれば2億ドルになる。

したがって、米国の輸入業者は、多少円建て価格を下げても輸出する。つまり、同じモノ、量であっても、たとえば200億円ではなく150億円でもよいと考える。

☆　　　☆　　　☆

すなわち、円高になった場合、①のドル建てのケースでは、日本の輸入業者は、より安く同じモノを購入できるのです。

また、②の円建て輸入の場合、輸入価格引き下げの交渉が容易になり、実際に輸入価格が下がることが多いのです。

こうして、実質的な輸入価格が下がれば、日本では、輸入業者から卸売業者へ、さらには小売業者へと渡っていく過程でも価格が下がるため、国内での最終的な販売価格も下がります。

これが、円高デフレ（円高に伴う物価の持続的な値下がり）です。むろん、こうした状態のもとでは、輸入は活発になります。

以上のメカニズムをより一般的に表現すると、『**ある国の通貨価値が上がれば、その国の輸入が伸びる一方で輸出が減退し、通貨が下がれば輸入が減少、輸出が伸びる**』となるわけです。

【記事例】

『円高のもつ輸入促進効果』

円高により、国際市場における日本円の購買力が上がります。つまり、同じ量の輸入を行う場合でも、より少ない円でそれが買えることになります。輸入が促進されるのです。

『円安の進行は、わが国のインフレを促しかねない』

本文とは逆に、円安・ドル高は、原油輸入価格を引き上げます。これは、国内での原油価格を引き上げ、ほとんどあらゆる製品価格、サービス価格が上がります。

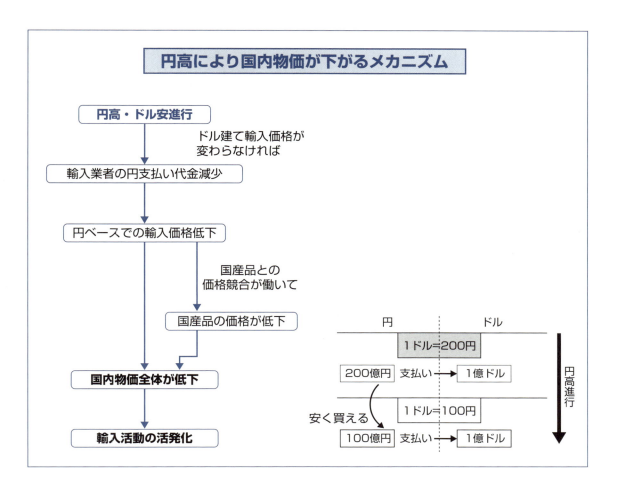

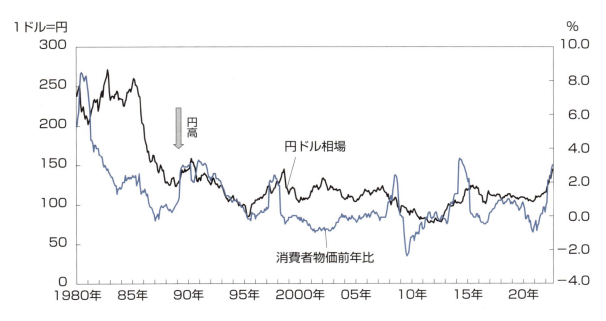

◆円高は国内物価を下げ、円安で物価が上がる◆

連想ゲーム その10　為替→金利

円安になれば国内金利は上がり住宅ローン金利も引き上げられる

> 円安が進むと予想されるときには円建ての金融商品（例：債券）への売りが増加するため、金利は上昇するというのが基本

その国の金利水準に影響を与える要因として、為替相場の動きはとても重要です。実際、日々の為替相場の変動を報じる記事の中にも、次のような文脈が多く見られます。

「さらにブラジルレアル安が進めばブラジル国債利回りは上昇し、ブラジル債組み入れの外債ファンドの運用利回りが低下」といったようにです。

あるいは、長期的な日本経済の行方について、最も悲観的なシナリオとして、「**円の大幅安**」→「**日本の金利急騰**」→「**日本の国債発行利回り急騰**」→「**日本の財政事情はさらに困窮**」といったとんでもストーリー？が紹介されることもあります。

☆　　　☆　　　☆

今後、円安・ドル高が予想されるとしましょう。このとき、以下のような動きが活発になるはずです。

①国内の円建て金融商品で運用してきた日本の投資家は、これを売ってドルに換え、このドルで米国の金融商品を購入する。これは、米ドル高によって為替差益が得られるという期待が働くからです。

②米国の投資家も、手持ちの円資産をドルに換え、ドル建ての金融商品で運用する。

以上は、いずれも同じことを意味しています。つまり、資産運用の大原則は、「運用期間中にその通貨価値が高くなるような通貨で運用することが有利」だからです。

では、この一連の動きは、日本の金利にどのような影響を及ぼすのでしょうか。

円安が予想されるときには、日本の円建ての金利商品への売却が増えるわけです。一番分かりやすいのは債券です。

つまり、「日本の債券の売却が増える」⇒「価格が下落する」⇒「利回りが上昇する」というわけです。

一方では、米国の債券への買いが増加するわけですから、米国の金利（債券利回り）は下がります。

つまり、以上を要約すると『**今後、為替相場が上昇すると見込まれる通貨の金利は低下、逆に、相場が下落すると見られる通貨の金利は上昇する**』となります。

ただし、以上のメカニズムが働くためには、『円相場が安くなった』⇒『だからこれからも安くなるだろう』という予想が前提になります。

なお、以上では円相場と日本の国債で説明してありますが、この為替相場下落⇒金利上昇という原則は、日本など対外資産を多く持つ国、米国など信頼性が高い通貨についてはそれほど強い相関は見られません。主に、冒頭で取り上げたブラジルやメキシコ、インドネシアといった新興国や途上国についてこのメカニズムが多く見られます。

【記事例】

『ブラジルレアル安を受けて，ブラジル市場では売りが先行した』

［ブラジルレアル安がさらに続く］という予想のもとで「投資家によるブラジル国債の売りが増え、価格が下がる可能性が高い。であるなら早めに売っておこう」という思惑により実際に売りが増えたというわけです。

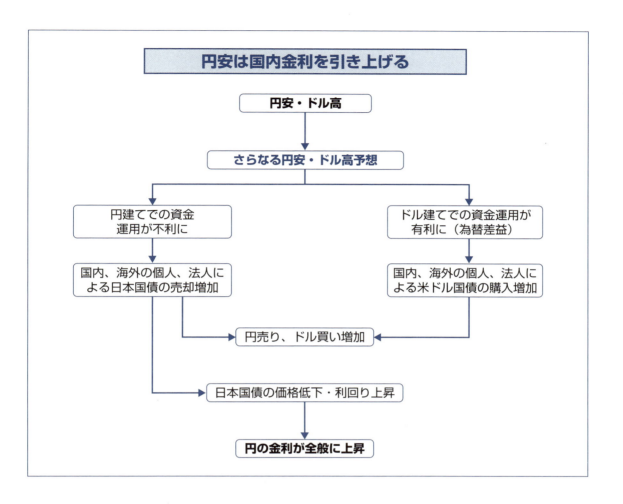

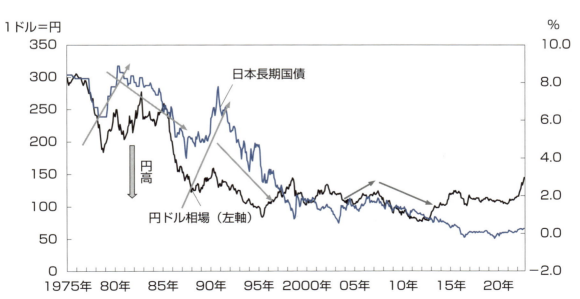

連想ゲーム　その11　物価→為替

インフレになると為替相場は下がる

「ある通貨の為替相場はその通貨の購買力の強さで決まる」という購買力平価説によると、物価上昇率が高い国の為替相場は下がるのが原則

　資産運用のプロであるファンドマネジャー（投資信託等の運用責任者）が中期的な為替相場を予想するときに、とても重要な材料として見ているのが、各国のインフレ率の差です。

　わたしたちに、直感的に為替相場を動かす材料として「双方の国の金利差」「景況感の違い」「貿易収支動向」などのほうに目が行きがちなのですが、専門家は、それ以上に物価の動きに注目します。もちろん、各国のインフレ率の差が為替相場に対して与える中長期的な影響の強さを十分知り尽くしているからです。

　基本的な考え方は、「経済の有様が基本的には自由である限り、モノ一般はどこの国で購入しようと同じ価格でよいはずである」ということです。これは、「**通貨の強さは各通貨の購買力の強さに比例する**」と言い換えられます。

　たとえば、同じ大きさのビッグマック1個がNYでは2ドル、日本では300円であったとします。

　この場合、このビッグマックだけを基準にすれば、1ドル＝150円という為替レートが居心地がよいはずです。つまり、1ドル＝150円が合理的な為替相場の水準であると考えられるのです。

　これが、為替相場を決定する理論の1つとしてよく知られている「購買力平価説」です。

　では、日本のビッグマックの価格は300円で変わらず、米国のビッグマック価格が3ドルになったとしましょう。この場合には、以上の購買力平価説によると、3ドル＝300円、1ドル＝100円が為替相場として安定する水準であると考えられます。

　つまり、理論的には「**ある一国の物価上昇率が他の国の物価上昇率に比べて高いときには、その国の通貨価値（為替相場）が低下する**」のです。

　もっとも、「購買力平価説」を説明するのに、ビッグマックだけを例に取り上げるのは、現実的ではありません。実際には、全体的な物価水準を基準に妥当だと考えられる為替水準が試算されます。

　以上の説明だと、ちょっと分かりにくい方は、「購買力」という言葉にこだわるとよいかもしれません。上の例では、まず、日本の場合、300円という貨幣が持っている購買力はビッグマック1個です。これは、変わっていません。

　一方、米国では、最初は2ドルでビッグマックを1個買えたのが、後になるとビッグマック3分の2個分しか買えません。つまり、ドルの購買力が低下したのです。「**購買力が下がった通貨は売られて安くなるのが当たり前**」といえば、分かりやすいと思います。

【記事例】

> **『日本とユーロのインフレ率の差から見る限り、為替市場では引き続きユーロ安圧力がかかっている』**
>
> ここでは明らかではないのですが、文脈からする限り、ユーロのほうが日本よりもインフレ率が高いという事実が前提となっています。つまり、ユーロのほうがインフレ率が高い（購買力低下が著しい）ため、相対的にインフレ率が低い（購買力の低下がさほどでもない）日本円に対して売られやすいというわけです。

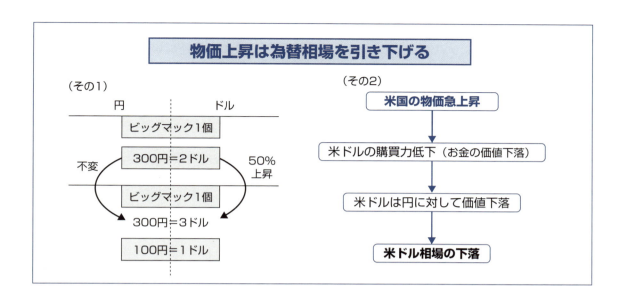

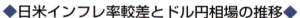

◆日米インフレ率較差とドル円相場の推移◆

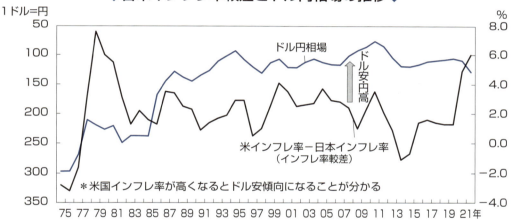

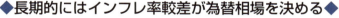

◆長期的にはインフレ率較差が為替相場を決める◆

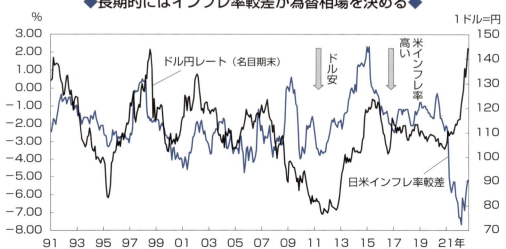

連想ゲーム その12　金利→株価

株にとって最も嫌な材料の1つが金利の上昇(引上げ)

金利が上昇すると、全体としてみれば借入超過部門である企業の資金コストは上がる。よって、企業業績は圧迫され、株価は下落する

「金利が上がっているときには株価は安い」と直感的にお考えの方が多いでしょう。たしかにその通りです。

では、株価が金利とどのような関係を持っているのでしょうか?

金利が上昇しているときを考えてみます。企業向けの期間1年を超える長期貸出金利が、3%から6%になったとしましょう(極端なイメージの方が分かりやすい!)。

この場合、企業にとっては明らかに借り入れコストが増えるため、それ以外の要素が変化しない限り、業績は悪化します。であれば、それを見越した上で、株は売られます。

あるいは、期間1年の預貯金金利が、2%から一気に5%になるという例をイメージしてみてください。

この場合、金利商品の収益性が高くなったわけですから、「株式からお金を引き上げて預金に回そうか」と考える人が増えてくるでしょうね。

こうした面から見ても株から資金が逃げることになります。

さらには、住宅ローン金利も上がったとすれば、個人は「新規住宅投資は当面見送る」となる可能性が高いでしょう。こうなれば、住宅投資に伴うもろもろの消費(システムキッチン、家具などの耐久消費財など)は伸びません。

つまり、個人消費が萎縮し、これを受けた企業も生産を減らすと予想されます。

なお、数多くある銘柄の中には、金利の変動による企業利益率の変動が激しい企業とそれほどではない企業があります。

いうまでもなく、『金利の低下⇒借り入れコストの減少』という恩恵を受けやすい企業とそうではない企業がそれです。これは、主に金融機関からの借入金比率(借入依存度)が高いかどうかで判断されます。

ある企業の株価が金利変動による影響を受けやすいかどうかは、「金利感応度が高い、低い」といった言葉で表されるのが一般的です。

「金利敏感株」といった表現がありますが、これは「金利感応度が高い株」のことです。

一般には、不動産、大手商社、電力、鉄鋼、金融株などは企業規模に比べて外部負債比率(借入金比率)が高いのが普通です。このため、これらの業種は、一般に金利敏感銘柄と呼ばれます。

また、余裕資金の多くを預金で運用している一方、負債が相対的に少ない企業にとっては、金利上昇がむしろプラスに働く銘柄も例外的にあります。

なお銀行は金利上昇によって預金金利と貸出金利の差が拡大し、収益増加が見込まれるため、株高になることが多いです。

【記事例】

『金利の引上げはインフレ対策に有効だが、一方では企業収益に対するマイナス影響が懸念される』

金利の引上げは「マネーストック伸びの鈍化」→「民間全体での購買力低下」→「物価の上昇抑制効果」をもちます。しかし一方では、企業の資金コスト負担増を招くため、企業収益が下方修正される可能性が高くなります。

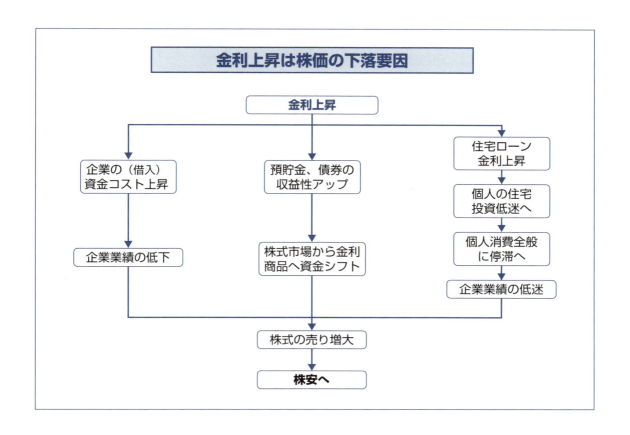

◆散発的に見られる金利低下→株価上昇、金利上昇→株価下落◆

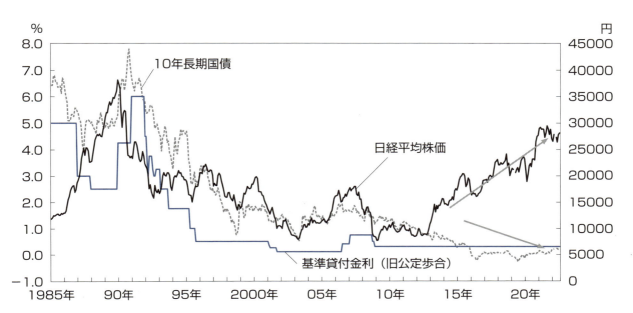

連想ゲーム その **13**　**株価→金利**

株が上がれば債券は売られ利回りは上がる

株が上がっているとき、債券は売られ株が買われる。『債券売り→債券価格下落→債券利回り上昇→金利一般が上昇』が基本

　金利の動きを見る上で、重要な要素の1つが株価の動向です。株価の変動は、金利に対して、とても大きな影響を及ぼすのです。これは、大別すると2つのプロセスから説明できます。

　まず、株価が上昇したとしましょう。この場合、「さらに株価上昇が期待できる」のが一般的です。マーケットでは、一般に、上がっているときには「さらに上がるだろう」と予想、下がっているときには「さらに下がる可能性が高い」と関係者は読むことが多いのです。これを**順バリ**と言います。

　この場合、「株価上昇が予想できる」ので、株式の買い（株式市場への資金流入）が増えます。この場合、その資金の多くは、債券市場から流入することが多いのです。「債券市場から流入する」とは、「債券が売られて債券市場から流出する」という意味です。つまり、債券を売って得たお金が株式の買いに回るのです。

　債券が売られるのですから、債券価格は下落、利回りは上昇します。これが1つめのメカニズムです。

　2つめには、「株高」は、一般に企業業績の拡大予想を背景にしていることが多いのです。つまり、企業業績のアップに伴って、企業からの資金需要などが上向くと多くの人は判断するのです。もちろん、新規の設備投資や人件費投資を行うためには、

資金が必要です。この場合、企業の資金調達活動が活発になると予想されます。社債の発行や金融機関借り入れが増えると金利は上がります。

　違った言い方をしてみましょう。企業が設備投資などで資金が必要になれば、その資金を調達するために、手持ちの債券を売ることがあります。債券価格は下落するでしょう。つまり、利回りは上がります。

　以上で分かるとおり、**株式相場と債券相場とは逆になることが多い**のです。

　つまり、「いまは債券にお金を投じたほうがよいのか」「それとも株式のほうがより効率的に資産を運用できるか」というように「債券」と「株式」が比較されるのです。この場合、「債券」と「株式」は「裁定されている」、と表現されます。

　だからこそ、「債券」と「株式」を両方組み合わせて運用される資産（投資信託等）は、「株式だけ」で運用された資産に比べ収益が安定するのです。

　なお、以上の原則にもかかわらず、グラフで見る通り2013年以降はその関係が逆転しています。株価は上がり、債券利回りは下がって（価格は上がって）いることが分かります。これは日銀の「異次元緩和」により過去に例を見ないほど供給された大量のマネーで株、債券ともに買われたためです。

【記事例】

『順調な株価の上昇が長期国債の利回りを1.6%台に引き上げた』

　債券が売られて、そこで調達されたお金が株価の上昇期待を背景に、株式市場に向かっています。

『外債ファンドの価格下落リスクは日本株を保有することでヘッジできる場合がある』

　債券が売られて安くなる場合、株価が高くなりがちです。したがって、債券だけで運用するよりは、株を同時に保有するほうが、全体的にはリスクが低くなることが多いのです。

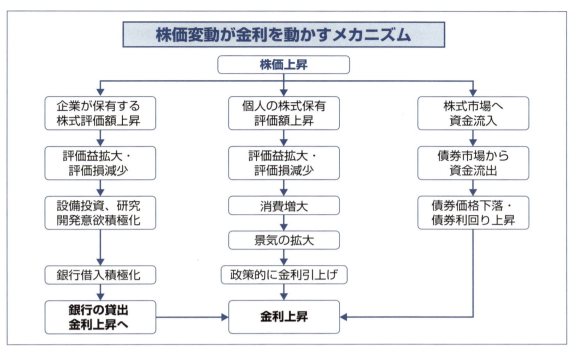

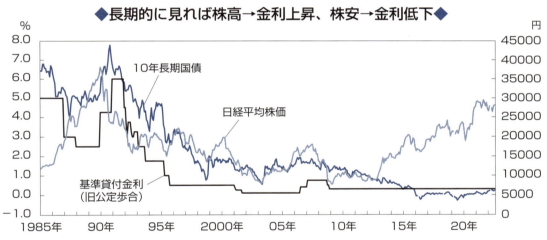

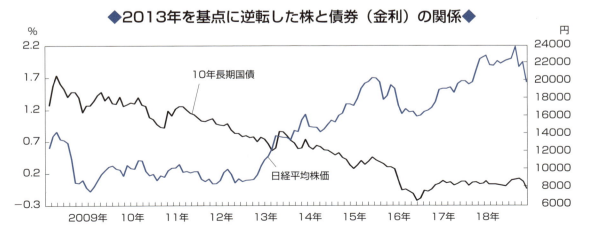

連想ゲーム その14　為替→株価

円高になると上がる株と下がる株がある

円高になれば、自動車、機械等輸出依存度が高い企業の業績が下がり、株価も下がりがち。逆に電力、建設等内需関連株には好影響を与える

　ニュース等で「ドル円相場」「ユーロ円相場」が頻繁に報じられますが、それは為替相場が企業業績をはじめ、家計経済にも大きな影響を与えるためです。

　たとえば、円安の方向に振れた場合には、特に輸出比率が高い企業の輸出代金の受取額が多くなります。

　同じ1億ドルの輸出代金を受け入れた場合でも、1ドル=100円のときには100億円ですが、1ドル=150円の円安になれば150億円の売上が立つのですから…。

　この場合、その企業の業績拡大予想に基づき、その会社の株式が買われ高くなります。

　ただし企業の体質によって、為替相場から受ける影響には差があります。

　まず、電力、ガス、小売り、建設、不動産などの内需関連株と呼ばれる企業は、売上のほとんどを国内需要に依存しており、基本的に輸出を行いません。逆に、原油、建設資材、鉱物資源等を多く輸入します。

　この種の企業は、円高により、これらの輸入材の価格が下がることで恩恵を受けます。したがって、円高による企業業績の向上が期待されます。つまり、円高→株価上昇となる傾向があるのです。

　これとは逆に、輸出依存=外需依存型企業には、自動車、精密、機械、電機などがあります。これらの企業は輸出比率が高いため、前述の通り円安では業績が上がる一方、円高になると国際的な価格競争力が削がれます（詳細は52ページ参照）。このため業績は低迷しがちです。つまり、円高→株価下落圧力がかかるのです。

☆　　　☆　　　☆

＜最近の動き＞

　昨今では、円高・円安により、株価が極端に振れることはなくなってきました。これには、いくつかの原因があります。

　1つは、円高に弱い企業は長年にわたる円高基調の中、生産拠点等を海外に移転させることで、円高になってもさほど損失を被らない企業体質になってきたためです。

　2つめには、為替先物やオプション等の高度な金融技術を駆使して、為替相場の変動リスクを相当程度ヘッジすることが可能になってきたからです。

　3つめは、連想ゲーム8で述べたとおり、為替相場に左右されない輸出品が増えてきたのです。

　半導体ウエハー・デバイスの測定・検査機器、航空機エンジンの部品などがその代表です。最近では産業用ロボットなど、生産工程の自動化機械については、ファナック、安川電機などは他社の追随を許さない独自の製品を擁しています。

　輸出先の外国企業にとっては、為替に関係なくこれらの高品質な製品は日本の企業から買わざるを得ないのですね。

【記事例】

『急激な円安を受けトヨタ、日産等は相次いで決算予想を上方修正』

円安により、海外への輸出比率が高い自動車メーカーは、価格面での競争力が強くなることから、輸出見込量、計画額ともに上方修正することになりました。

『建設、不動産、通信が円高により業績は好調』

これらの内需関連株により海外からの贈入資材の仕入コストが下がるため、好調な業績を維持しています。

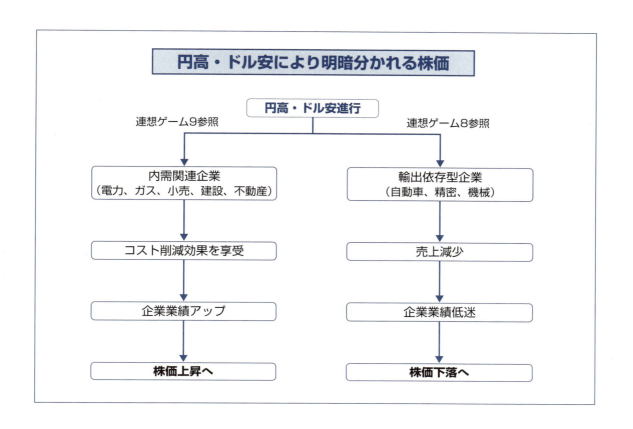

◆円高で下落、円安で上昇傾向にある自動車株◆

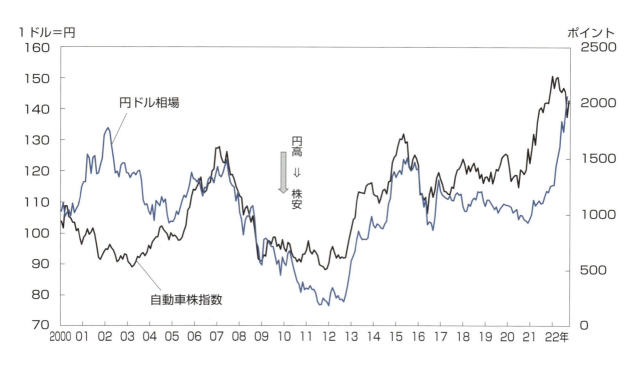

連想ゲーム その15 株価→為替

日本株の上昇は円高を促しがちである

「これから日本株がさらに高くなるであろう」という予想に基づき、日本の株式市場に資金が流入し、円の通貨価値が上がる

為替相場と株式市況の関係は「為替」→「株式」だけではありません。「株式」が原因となって「為替」を動かすこともあります。

円高が自動車株を下げたり、円安によって工作機械、精密株の買いが増えたりするというのは、「為替」が「株価」に対して影響を与えることを示します。

しかし、これとは逆に、「株価」の動きが「為替相場」を動かすことも稀ではありません。

たとえば、日本の株式が全般に順調に上げているとき、さらに日本の株価が上昇するだろうとの期待から、国内投資家だけではなく海外投資家からの買いも増えるのが普通です。

この場合の「順調」とは、欧米各国の株価の動きに比べて相対的に「日本の株価上昇ピッチが速い場合」ということです。

海外の投資家が日本株への買いを増やすときには、彼らが持つ外貨をいったん円に換える必要があります。

このため、外国為替市場では、外貨売り・円買いの売買が盛んになり、外貨安・円高となります。

あるいは、米国株よりも日本株のほうが相対的に上昇期待が強い場合には、日本の投資家も米国株式を売却して得た米ドルを円に換えて、日本株を買うでしょう。この場合も、同じく米ドルが売られて円が買われがちです。

つまり、より上昇ピッチが速い株式市場へ資金が流入するため、その国の通貨価値が上がるのが原則なのです。

なお、この場合も、他の多くのメカニズムと同様、「日本株が高くなったから円高になる」というよりは「これからさらに日本株が高くなるであろう」という予想で日本株が買われる、というべきでしょう。

つまり、将来への予想がお金の投資先を決めるという意味では、他の多くの経済メカニズムと同じです。

さらにいえば、この場合、「海外投資家の日本株買いに伴う米ドル売り・円買い」だけが為替相場を動かすのではありません。

以上のようなプロセスで「円高・ドル安」が進むだろうという予想をもとに、ヘッジファンドから円に対する投機的な買いが入り、これが円高に拍車をかけることが少なくありません。

なお、過去の事例を見る限り、ここで述べた「株価」→「為替」のメカニズムは、「為替」→「株価」のメカニズムほどには頻繁に見られません。

昨今ではどちらかというと、「**為替相場**」が原因となって「**株価**」を動かすことのほうが多いのです。これは右ページのグラフでも分かります。

【記事例】

『**日本株の順調な上昇を見た外国人投資家の買いにより円高が進行**』

おそらく欧米市場に比べて日本株の上昇ピッチが速いのでしょう。このため、外国人投資家が積極的に日本株に買いを入れる過程で、ドルなどの外貨が売られ、円が買われているのです。

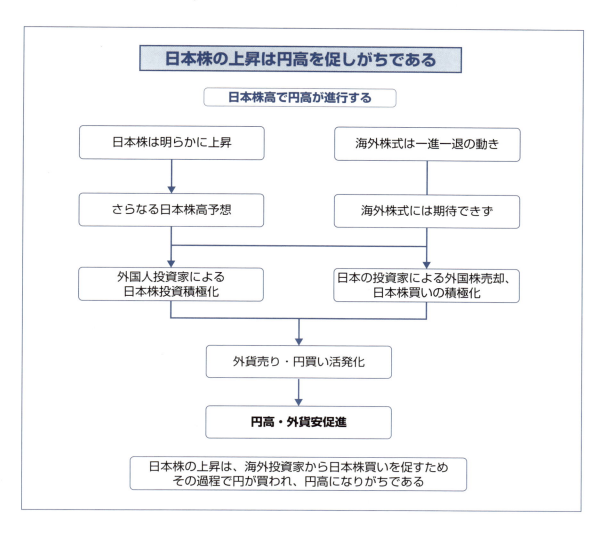

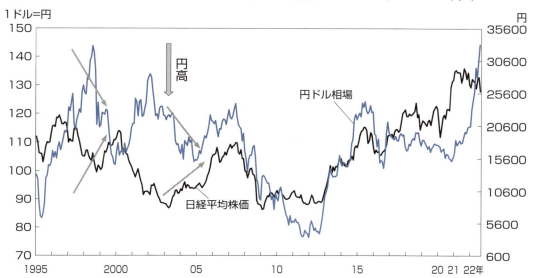

「原理・原則から外れた動き」を見る8つのポイント

「経済・金融の世界では、そんな原理・原則通りにモノゴトは動かないよ！」
とややステバチにいわれることも、多いように思います。ただし、原理・原則通りに動かない時期があったにしても、その時期が、全体を通じて20％や30％あったからといって、これまで述べた「原理・原則（メカニズム）」の重要性が損なわれるわけでは毛頭ありません。一言でいえば、**「原則が分からずして、変則は理解できず」**です。

「原理から外れた動きだな」と感じたときには、以下の8つのポイントをあわせて考えるとよいと思います。

①——逆はおおむね真ならず

複数の経済ファクターの間に働く関係（メカニズム）を見る上で、最も重要な視点の1つは、「どちらが原因で、どちらが結果か？」という点にあります。

たとえば、「金利」と「株価」の関係を考えてみましょう。

「金利が下がると、株価は上がる」（連想ゲーム12）というのが基本メカニズムです。

では逆に、株価が先に動いたとき（株価変動が原因になったとき）は、どうだったでしょうか？

「株価上昇は、金利の上昇をもたらす」（連想ゲーム13）でした。どちらが原因であるかによって、結果の関係はまったく逆になるのです。

前者は「金利低下・株価上昇」であり、後者だと「株価上昇・金利上昇」なのですから…。

実際、「金利」「株価」「為替相場」「物価」「景気」との間に働く関係のほとんどは、この例のように、どちらが原因であるかによって、その関係は異なることが多いのです。

「金利が下がれば、物価は上がる」（連想ゲーム7）ですが、逆に**「物価が上がると金利は上がる」**（連想ゲーム1）というのも原則だったはずです。

一般に「A→B」「B→非A」という関係になる（「逆は真ならず」）ことが多いというのが経済・金融メカニズムです。

②——どのメカニズムが強く働いているかで動きは変わる

金利が上がるとともに株価が下がり続けているとしましょう。これは「金利上昇」⇒「企業業績が悪化」⇒「株価下落」というとても分かりやすい理屈ですね。ではこの時、円相場はどう動いていると読めばいいのでしょうか？

まず金利が上がっているということからは「日本の金利高」⇒「円高」と推測できます。一方、株価が下落していることからは「日本株下落」⇒「円が売られ」⇒「円安」と考えたくなりますね。

こんな風に、2つの（あるいはそれ以上の）

現象が同時に起きているとき、どちらの要因により強い影響力を持っているかによって、結果が異なるのです。

たとえば、Aさんがパーティー会場で、Bさんからは、あることで感謝され、Cさんからはいじめられたとします。このとき、Aさんが「気分よく帰路につけたのか」、「惨めな思いで帰っていったのか」は分かりません。どちらの印象が強く残っているかで全く逆になるのですから。

③—変化は常に相対的なものである

「日本の金利が下がったときには、円安になる」（連想ゲーム6）という基本メカニズムがあります。ところが、日本と米国の同じ1年物金利について、「日本の金利が2％から1.6％に下がった」、一方「米国の金利が5％から3.5％に下がった」ときには、相対的にみれば、日本の金利が高くなったとみるべきです。この場合は、「円高」に振れると考えられます。

これは、「株価の上昇、下落」が為替相場に対して与える影響を考える場合などにも必要な発想です。

「日本の株が下がっている」から「円安」に振れるとはいえません。なぜなら、「日本の株も下がっている」が「それ以上に米国の株が下がっている」ときには、「円安」ではなく、むしろ「ドル安」の可能性が高いとみたほうがよいのです。

このように変化を相対的にみることは、とても大事なことです。

④—影響が、すぐに現れる場合と、中長期的にじわじわ現れる場合がある

個々の経済・金融メカニズムによる影響は、

■ **比較的短期的に現れる場合**

　　と

■ **数か月、もしくは、1年以上の期間を経て、徐々に影響力が現れてくる場合**

があります。

つまり、短期間で、その影響が現れないからといって、「そのメカニズムが働いていない」と判断することが適切ではないケースもあるのです。

たとえば、「金利が一段上昇した」からといって、すぐに「企業業績が悪化し、経済成長力が鈍化する」わけではありません。金利の上昇が企業のコストを増大させ、それが業績に跳ね返ってくるのには、それ相当の期間が必要です。

あるいは、「円安が国内物価を引き上げる」というメカニズムも同様です。円の対ドルレートが1か月の間に、1ドル＝100円から130円になったとしても、すぐに国内物価が上昇するわけではありません。輸入企業は、普通、数か月〜半年程度先の代金決済に備えて、為替レートを予約しているのが一般的です。つまり、ただちに、これらの企業にとっての輸入価格が上がるわけではないのです。

しかし、これに対して、日本と米国の株価の動き方が大きく違った場合などには、すぐにその影響が為替相場に反映されることが多いという経験的事実もあります。

あるいは、日米両国の金利差が急激に変動したような場合には、為替相場はそれに対して即座に反応することが多いものです。

基本的には、「**株式、債券などの市場における資金は、周りからの影響を、短期的かつ敏感に受けがちであるため、こうした"お金"の移動に伴う状況の変化は、急に起こることが多い**」といえます。

⑤──市場内部要因などテクニカルな要因が強烈に働く場合

　市場内部要因が強く働き、その影響力が他の影響力を凌駕することが、よくあります。

　たとえば、「**日本株が下がっているときには、株式市場から資金が流出し、これが債券市場に流入して債券利回りは低下する**」というのが基本的なメカニズムでした。

　しかし、現実には日本株が下がっているときに、外国人投資家が株式で被った損失の穴埋めをするために、買った日本の債券を売って、益出し（利益を確定させる）を行うということもままあります。そうなると、「**日本株下落**」と「**日本債券下落**」が同時に進行することもあるのです。

⑥──1つの現象が相反する2つの結果を誘導することがある

　1つの経済現象が時期によっては全く相反する現象を引き起こすこともままあります。

　2021年から22年にかけて米国の失業率が予想以上に下がるとともに、新規雇用者数が急増したときにみられました。素直に考えると、企業業績が良いわけだから株価は上がると見るのが自然です。

　しかし現実には、こんなデータが出るとともに、逆に米国の株価はストンと下がることが多かったのです。もちろんそれには十分な理由がありました。この時期には米国の物価上昇率が8～9％台と40年ぶりの高さまで駆け上っていたこともあり、マーケットの関係者は次のように読んだのです。

　「景気は予想以上にいいから、さらに物価は上昇するだろう」
⇒「これ以上の物価上昇は国民生活を疲弊させ、深刻な景気悪化につながりかねない」

⇒「このため物価上昇を抑えるために、予想以上のピッチで政策金利を上げるだろう」
⇒「金利上昇ピッチが上がれば、一気に企業業績の悪化につながる」
⇒「だとすれば近い将来、企業業績悪化＝株価急落と見たほうが良い」
⇒「このあたりで一時的に株式市場からお金を引き上げておこう」
⇒「株価下落」

　マーケットの参加者は、1つの現象が直接的に意味することを見るだけではなく、それが次々にどんな変化を誘発していくのかを予想するのが常です。3手先、5手先を読むわけです。

　この手の一見変則的なメカニズムは、ある現象が金融・財政政策のスタンスの変化を促すことによって現れることが多いことが経験的に知られています。

⑦──リスクヘッジ手段の発達で市場メカニズムが緩和されてきた

　「連想ゲーム8」では

　「**円高でトヨタ等の自動車関連株は業績が下がるとの読みで下落**」

というのが、基本メカニズムであると説明しました。

　しかし、

　「**円高にもかかわらず株価への影響はほとんど見られず**」
　「**円相場から受ける影響が希薄になってきた**」

という報道が最近多くなってきました。

理由は2つあります。

1つは、**輸出依存型とみなされている企業の多くは、大分前から、円高リスクを軽減するために、輸出先の国で生産ラインを設けるようになってきたこと**です。これだと、生産品は現地工場から現地に向けて出荷されるだけですから、為替相場の変動による影響は受けません。

2つめには、**為替先物予約を積極的に使**うことで、**多少の円高・円安が進んでも業績への影響が少なくなってきたこと**です。

輸出入に日常的に携わっている企業は、為替相場の変動要因を緩和するために、「為替先物」や「為替オプション」といった手段を積極的に使っています。このため、為替直物相場が多少動いた程度では、すぐには業績に響かないという構造になってきているのです。

⑧─迂回路を通ってメカニズムが波及することもある

この第1部で取り上げた単純な経済メカニズムモデルでは、変数が5つ（景気、金利、為替、株価、物価・商品）のうち特定の2つの要素の関係だけを取り出して説明してきました。つまりA→Dというようにです。

しかし、A→Dだけではなく、往々にしてA→B→DあるいはA→E→C→Dといった関係が働くこともあります。

たとえば、景気がどんどん拡大しているときには、金利が上がるのが原則です。景気拡大時には、企業、家計ともに経済活動を活発化させます。つまり、企業では新しい機械を借り入れ、家計は増築、新築を積極的に行い、今までより一段上のクラスの自家用車を買い求めます。

すなわち、資金需要が高くなるため、金利は高くなります。

この場合、以下のようなメカニズムも同様に働きます。つまり、景気が良くなるときには、企業の金融機関借り入れが積極的になります。すると、金融機関の中には、貸し出すお金が足りなくなるところも出てくるでしょう。この場合、手持ちの債券を売り払って貸し出しにあてようとするかもしれません。

こうして、債券の売りが増えると、債券価格は下落し、それとは逆に債券利回りは上がります。

つまり、「景気拡大」→「消費の増大」→「資金需要増加」→「債券売却増加」→「債券利回り上昇」→「金利一般が上昇」というメカニズムも同時に働くのです。

あるいは、株価が上がれば、金利も上がるのが原則です。これは、連想ゲーム13にある通りです。

しかし、これ以外にも、「株価が上がる」⇒「株式を保有している人の含み資産が増える」⇒「消費に意欲的になる」⇒「物価一般が上がる」⇒「物価上昇を抑制するために政策金利が引き上げられる」といったメカニズムを通じて、金利が上がることも珍しいことではありません。

メ モ

第2部

経済金融データの歩き方

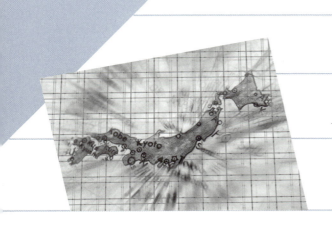

■ 第2部 ■ 経済情報の歩き方

はじめの一歩
"まずは、金融市場を概観してみよう！"

1. 金融市場の種類、しくみ

"お金はどんなところを渡り歩くのか？"

第1部では、経済・金融メカニズムの基本について、説明します。

しかし、それについて具体的に述べる前に、とくに多くの人にとって分かりづらい「**金融・証券市場のおおまかな形とその基本的なしくみ**」について概観しておくことにしましょう。

わたしたちは、ほとんどの経済活動において"お金"を使います。そして「**お金は、あらゆる経済分野を巡りながら動いている**」ことも、直感的に分かると思います。

では、この"お金"なる代物は、どんな市場で、どのように取引されているものなのでしょうか？　まず、その全貌をひとわたり説明しておくことにします。

☆　☆　☆

"お金"の貸し借りが行われる場を「**金融市場**」と呼びます。大雑把にいうと、「短期金融市場」、「長期金融市場」、それに「外国為替市場」があります。株式が転々流通する「株式市場」も、広義の意味で「金融市場」です。

「金融市場」のうち、1年以内の短期資金のやりとりが行われる場が「**短期金融市場**」、

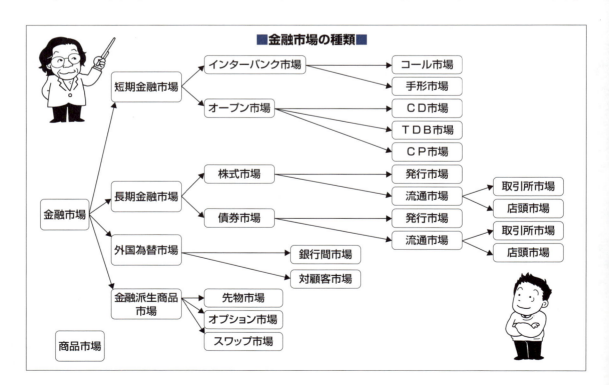

1年を超える資金の貸借は「**長期金融市場**」で行われます。

「**短期金融市場**」のうちには、金融機関だけが取引に参加できる「**インターバンク市場**」と、一般企業、地方公共団体、個人など、原則としてだれもが取引に参加できる「**オープン市場**」があります。

「**インターバンク市場**」における主な取引（市場）には、「**コール市場**」、「**手形市場**」があります。

「**オープン市場**」には、「**CD（譲渡性預金）市場**」、「**CP（コマーシャルペーパー）市場**」、「**TDB（トレジャリー・ディスカウント・ビルズ＝国庫短期証券）市場**」などの市場があります（現段階で、これらの用語概念をイメージできなくても一向に差し支えありません）。

☆　☆　☆

これらの「金融市場」のうち、資金のやりとりが有価証券を介して行われる市場が「**証券市場**」です。とくに、債券を媒介に資金のやりとりが行われる市場が「**債券市場**」ですが、時として、「債券市場」は、「**長期金融市場**」と同じ意味で用いられることもあります。

さらに、「短期金融市場」、「長期金融市場」に次ぐ第3の市場として、異なった通貨の売買（交換）が行われる「**外国為替市場**」（外為（がいため）市場）があります。

現在では、以上の多くの市場においては、「**現物（げんぶつ）市場**」だけではなく、先付けで資金の貸借を実行することを前提に取引される「**先物（さきもの）市場**」があるほか、種類によっては、「**オプション市場**」などもあります。

なお、「**商品先物市場**」も、その機能からいえば、広義の意味で「金融市場」だといってよいでしょう。

2. 短期金融市場

"お金のふるさとはどこにあるのでしょうか？"

ひとまず、

"お金を発行する日本銀行ならびに、日本銀行と日常的に取引している金融機関で構成されている金融市場にある"

といっていいでしょう。とすれば、やはり、

「わたしたちのお金のふるさとでは、どんなことが行われているのかな？」

「日本銀行や大手の銀行は、いったい日常的に、何をしているのかな？」

と、素朴な疑問がわいてくると思います。

数多くの金融機関が、日常的に資金のやりとりなどの取引をしている「**インターバンク市場**」は、日本の金融市場の中核を占めるとともに、日本銀行が行う金融政策を敏感に反映するきわめて重要な市場です。この市場で行われている主な取引は、

"「お金が不足しがちな金融機関」が、「お金が余っている金融機関」からお金を借りる（逆にいうと後者が前者にお金を貸す）"

というものです。これを、

「金融機関が互いに資金の過不足を調整する」

と表現します。

多くの場合、「**メガバンク**」は、「**預金受入額に比べて、相対的に貸出額が多い**」のが一般的です（次ページ図中①）。この場合、貸出を維持するためには、預金以外のなんらかの手段で"お金"を借りなければなりません。これに対して、多くの「**地方銀行**」、「**信託銀行**」、「**信用金庫**」等では、預金の一部だけが貸出金として貸し出されるにとどまっているのです。

つまり、「"お金"が余っている」のです（図中②）。そこで、後者の余資金融機関から

前者の不足金融機関に対して"お金"を貸すという取引が、日常的に行われています。

取引の多くは、「1日限りの"お金"の貸し借り」です（図中③、④）。貸し借りを"担保なし"で行っていることから、これを**「無担保コール翌日物」**と呼び、「インターバンク市場」で最も重要な"金利"です。図中の**「短資会社」**は、資金の貸し借りに際して、**仲介者**としての役割を果たしています。

「過不足の調整が行われている」とはいっても、**市場全体では、常に資金の過不足が生じています**。なぜなら、日常的に以下のように"お金"が移動しているためです。

（1）国債の発行による移動

国が国債を発行するときには、その発行額に見合った"お金"が民間から国庫勘定（政府が日本銀行に設定している）に払い込まれます。

その一部は、「インターバンク市場」から国庫に移動します（図中⑤）。つまり、市場全体としては"お金"が不足します。

（2）地方交付税交付金の支払いによる移動

地方交付税交付金が支払われるときには、国債の発行とは逆に、国庫勘定から、たとえば、〇△市がP銀行に持っている口座に払い込まれる（図中⑥）形をとります。この結果、「インターバンク市場」全体では、資金額が増えます。

（3）日々の取引による移動

もちろん「インターバンク市場」で活動を行う民間金融機関は、**企業**、**個人**との間でも、ローン、預貯金などいろいろな取引を行っています（図中⑦〜⑨）。

つまり、以上のようにお金が移動することにより、「インターバンク市場」全体では、毎日のように"**資金の過不足**"が生じているのです。これを調整しているのが、日々の日本銀行の**金融調整**なのです。

通常の場合だと、この過不足を調整して"過不足なし"の状態にするのが、日本銀行の中立的な金融調整です。ところが、一定の

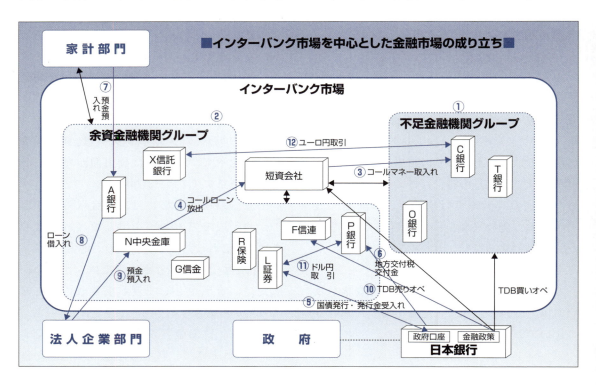

■インターバンク市場を中心とした金融市場の成り立ち■

政策のもとに、意図的に「不足」、「余剰」の状態に誘導することがあります。

日本銀行が市場へ国庫短期証券（期間3か月、1年等で発行された国債＝ＴＤＢ）を大量に売却したとしましょう（図中⑩「売りオペ（オペレーション）」という）。この場合、市場から日本銀行に"お金"が吸い上げられるので、市場には"お金"が少なくなります（資金不足）。

このため、多くの銀行は、「コール市場」からより多くの資金を調達しなければならなくなります。これは、「コール金利」を引き上げます。

こうしてコール金利が上がればここで資金を調達している都市銀行はこう考えます。

「いままでコール市場では、1％でお金を調達できたのに、2％になった。いままでは、2％で貸していても利益が得られたが、これからは3％でなければ貸せないな」

つまり、銀行の企業・個人向け貸出金利が上がります。

このようにして、短期金利が上昇すれば長期国債の利回りも上がります。

これとは逆に、現在のように強力な金融緩和政策が行われているときには、日本銀行は市場が要求する以上の資金を供給します。そうすると、市場全体での資金調達圧力が減退するので、**コールレートは低下し**ます。

このように日本銀行は、量的な調整を通じてコールレートの水準を**間接的にコントロール**しているのです。

☆　☆　☆

以上の「**インターバンク市場**」以外の企業、家計などを含め広範囲の参加者によって行われる期間1年以下の市場を「**オープン市場**」といいます。

身近な例では、「期間1年以下の預金に預け入れる」とか、「企業が銀行から1年以下のごく短期の借り入れを行う」といった取引等は、いずれも「オープン市場」における金融取引です。

また、企業や金融機関は、「ＣＤ（譲渡性預金証書）」や「ＣＰ（コマーシャルペーパー）」などの専門的な有価証券取引を行っていますが、これも、「オープン市場」で行われているものです。

3. 外国為替市場、債券・株式市場

金融機関は、"円のみ"の取引だけではなく、"円と米ドル"とか、"円とユーロ"といった異なる通貨を交換し合っています（図中⑪、⑫）。これが、「**外国為替市場**」です。

この市場でも、まず、金融機関同士で行われた取引の結果としてついた"相場（レート）"が基準になります。これを、「**銀行間直物（じきもの）為替相場**」といいます。このレートをもとに、個別金融機関は、個人あるいは一般企業向けに、外貨の"売り買い"を行っています。

個人が、外貨預金に預ける場合も、「**銀行間直物為替相場**」が基準になります。

一方、これらの金融機関のほか民間企業、個人、外国人（投資家）等が参加している市場が、「**債券市場**」ならびに「**株式市場**」です。

これらの市場では、政府、地方公共団体、企業などが発行した"債券"や"株券"が日常的に売買されています。

1 主要経済データ

定義・種類	基本的な読み方

① 国内

①−a　国内総生産

国内の経済活動を通じて、一定期間内にどの程度の経済的な付加価値が生み出されたかを示す。四半期ごとに集計される国民所得統計で明らかにされる。日本の経済拡張の度合いを示す。物理的に目に見える生産だけではなく、理髪、ゴミ処理といった諸サービスや公共団体による学校教育なども含む。内閣府発表

経済成長テンポを象徴的に表すデータとして扱われる。このGDPが、どの程度伸びているかを示すものが「GDPの伸び率」。一般的には対前期比を年率換算した数値が用いられる。第一次速報：翌々月の上〜中旬（総務省の家計調査発表から1週間程度後）、第二次速報：さらにその翌月の上〜中旬（法人統計季報発表から4日後）

①−b　日銀短観業況判断

企業経営者に景況感に関するアンケートを行い、「良い」と答えた回答比から「悪い」の回答比を差し引いて求める。金融機関を除く全国の資本金2,000万円以上の民間企業から1万社程度、金融機関200社程度を選んで調査。企業の業況についての現状判断、先行きのほか、事業計画の実績ならびに将来予測等についても調べる

なかでも、大企業の製造業についての業況判断指数が重要。多くの企業の経営者マインドをみる上で格好のデータとして、日銀のこれからの金融政策の方向を読む上で注目度が高い。多くの企業活動は、経営者の経営判断に基づいて行われるため、この業況判断指数は、今後の企業活動の行方を知るための重要な判断材料

①−c　景気動向指数

景気を敏感に反映する経済統計データから、30系列取り出したうえで、景気に先行して動く「先行系列」、ほぼ同時に反応する「一致指数」、遅れてデータが変化する「遅行指数」の3系列の群に分類。その上で、DI、CIという2つの指数を算出。データ発表はCIが中心。
＜DI＞各系列のデータにつき「当該月のデータ」が「3か月前のデータ」と比べ景気拡大か収縮かをチェック、景気拡大を示すデータ数のパーセンテージを指数とする。
＜CI＞各系列に採用されている各指標の前月比での変量をもとに指数を作成。

＜DI＞50％を上回れば景気がよく下回れば景気が悪化していると判断。3か月前比での増減だけで変化量は考慮されないため、景気の方向を示すにとどまる。ただ、景気の転換点の判定ではこのDIが手掛かりにされる。
＜CI＞DIとは異なり定量的に把握された指数であるため、景気変動の大きさやテンポ（量感）の測定が可能。その上昇、下落率は景気拡張、後退のテンポを表す。月々の指数の動きには不規則な要素も含まれるため、過去3か月あるいは7か月の平均値と直近のデータを比較するのが有効。

定義・種類	基本的な読み方

①-d　鉱工業指数

第2次産業の生産活動を示す代表的な統計。金属・非鉄、原油等の鉱業、機械や化学、繊維、食料品などの製造工業部門まで幅広くカバーする。指数には、生産、出荷、在庫率指数等がある。生産指数は生産レベルを基準年と比較し指数化。在庫率指数は、月末の在庫量をその月の出荷量で割った指数。経済産業省発表

企業がモノを造り出荷、あるいは注文に応じるために在庫を積み上げる。こうした一連の産業活動の動きをみるために、最も基礎的なデータ。なかでも、生産指数への注目度は高い。日本の経済体質のサービス化、ソフト化が進むことによって、徐々に第2次産業が占める割合が低下してきたが、景気との連動性は依然として強い

①-e　機械受注

機械メーカーが受けた機械購入の注文（受注）状況を示す。機械の需要者別に「外需」（海外からの注文）、「官公需」（官庁や公共団体）、「民需」（民間企業）の3つのデータがある。「電力ならびに船舶を除く民需」の前年同月比が重要。内閣府発表

生産活動が活発な時期には、機械の消耗も早く、また機械設備の更新サイクルが速まり、新規の機械設備への需要が高まる。機械受注データは、企業の設備投資の動きを先行的に示すため、景気動向指数の「先行系列」に採用

①-f　新設住宅着工

都道府県知事に建築工事届けを要する建築物のうち、住宅についてのデータ。個人の住宅投資動向を端的に示す。都道府県別に分類されるほか、利用関係別（持ち家、貸家など）、資金別（民間資金、公的資金）などに区分、それぞれ戸数と床面積で表される。文字どおり、工事が始まった時点におけるデータ。国土交通省発表

新設住宅着工件数ならびに床面積は、景気変動に対して先行性あり。このため、床面積データが景気動向指数の「先行系列」に採用されている。住宅の購入に伴い、各種備品、家具、設備などが必要になるため、この住宅着工は、他の個人消費への波及効果も高い

①-g　有効求人倍率

全国のハローワークに登録されている求職者数に対する求人者数の割合を表す。「有効」とは、ハローワークに登録してそれが有効である期間中の、求人者、求職者数をカウントすることによる。厚生労働省調査

倍率が1を下回ると求職者に対して求人者数が少なく就職難。逆に1を上回ると人手不足で労働市場は売り手市場になる。就職情報の充実により、ハローワークを通じて職探しをする人が減少。この統計だけでは、雇用の実態を把握しにくくなってきた

1 主要経済データ

定義・種類	基本的な読み方

①-h　完全失業率

総務省が毎月調査・発表している「労働力調査」の中に含まれている統計。労働力人口（就業者＋完全失業者）に対する完全失業者の割合が「完全失業率」	景気の実態に対して遅れて動く。長期的な消費動向を予測するためのデータとしても有用。雇用情勢が悪化すると、将来の収入に対する不安感が強まり、消費は停滞する

①-i　消費支出

総務省が発表している「家計調査報告」には、勤労者世帯の家計収入と家計支出が詳細な項目別に集計されている	景気実態に対して遅行しがち。調査項目に食料品や住居、光熱費、税金といった日常必需品が多く含まれているため。消費支出には、賃上げ率やボーナスの伸び率、残業時間、増減税などさまざまな要因が絡む

①-j　M_3（マネーストック増加率）

金融機関以外の民間が保有する通貨の総量がマネーストック。現金通貨に国内銀行、ゆうちょ銀行、信用金庫、商工中金、農林中金等が受け入れている要求払い預金（普通預金、通知預金）を加えたものがM_1、M_1に定期預貯金と譲渡性預金（ＣＤ）を加えたものがM_2。さらに郵便貯金などを加えたM_3、債券などを加えて算出される広義流動性などがある	マネーストックの伸び率が高いということは、通貨の増加率が高い（つまり民間全体での購買力が上昇）ため物価上昇要因。「マネーストックの増加がインフレ要因」といわれるゆえん。マネーストックの伸び率をコントロールすることは、金融政策の中間目標。近年では企業が借入資金を返済、新規借入れを抑制しているため、伸び率は低い

定義・種類	基本的な読み方

①－k　可処分所得

家計消費との連動が高い。賃金等の収入から税、社会保険料などの強制支出を控除したデータ。家計が自由に使えるお金がどれだけ得られたかを示す。賃金などが増えても、控除される税などが多ければ家計消費は伸びにくい。総務省統計局が毎月作成する家計調査に含まれる

日本のGDPの6割近くを占めるのが家計消費支出。これに最も大きな影響を与えるのが家計所得。近年では税よりもむしろ各種の社会保険料負担額の伸びが高く、全体として可処分所得は賃金の伸びを下回って推移。これが家計消費の不振を招いているとの見方は多い

①－ℓ　第1次所得収支

経常収支を構成する要素の1つ。我が国の企業、個人などが海外に保有する資産から得た利子、配当等から海外部門が我が国に保有する資産から得られた利子、配当等を差し引いたもの。我が国の個人が直接米国債を購入、投資信託を通じて世界各国の株式、REITに投資しているが、これらの海外資産から得られた収益が含まれる

我が国企業は過去10数年の間に急速に海外進出を果たし、多くの海外現地法人、支店を持つ。また個人、機関投資家を問わず各種証券への投資が増加している。海外で得られた収益が近年急増しており、最近では貿易収支の黒字を凌ぐ規模にまで増えてきた

①－m　国内企業物価指数

第1次販売業者の段階における販売価格を集計、指数化したもの。企業間で取引されている素材や中間部品、中間製品など全体の価格動向を示すのが企業物価指数。大別すると、「国内企業物価指数」、「輸出物価指数」、「輸入物価指数」の3つ。当該月の翌月の中旬発表（日本銀行）

企業間取引の価格を総合的に把握することが目的。企業物価が適度に上昇しているということは、企業活動が活発であることを示す。ただし、一次産品価格等が急激に上昇したような場合には、企業間取引価格も上がるが、これにより企業収益を圧迫することもある

1 主要経済データ

定義・種類	基本的な読み方

①-n　消費者物価指数（コア）

最終消費者段階におけるモノ、サービスの平均的価格を示す。「生鮮食品を除く」がベース。基準年の物価を100とした指数で前月比、前年比が示される。調査対象項目は、一般消費者の家計支出の中で重要度が高く永続性のある品目を選定。基準時点は5年ごとに改定。全国ベースと速報性に富む東京都区部データあり

消費者物価を決めるのは、「企業が商品を生産するために購入する原材料費の値動きと人件費」、「消費者の消費需要」の2つ。前者は製品の原価を決める要素であり、後者は製品に対する需要の強さを示す。このバランスで消費者物価は決まるのが基本。生鮮品など気候の影響を受けやすい品目を除いた指数がこれ

①-o　消費者物価指数（コアコア）

2016年に日銀が、2017年から総務省統計局が公表し始めた。「生鮮食品ならびにエネルギーを除く」がベースになっている。生鮮食品に加え、中東地域等の地政学的リスクの影響で大きく変動しがちな原油などのエネルギー関連を除外するほうが、物価の基調的な動きが判断できるとの見方によって公表され始めた

景気には直接関連のない天候による生鮮食品の不規則な動きだけではなく、地政学的リスクに伴う原油価格などの変動が除外される。このため、エネルギーを含むコア指数に比べその動きはなだらかだ。ただ、実際の消費活動は生鮮食品やエネルギー価格を含むため、日銀が主張するようにこれが「物価の基調を示す」とは必ずしも言えない

①-p　国際収支

一国が海外諸国との間で一定期間内に行った経済取引によって生じた貨幣の受払勘定が国際収支。2つに大別できる。1つは物資、財、サービスの取引を示す「経常収支」。商品、サービスの輸出入などはこれに含まれる。残る1つが有価証券等の取引を示す「金融収支」。以上を合わせたものが「総合収支」。財務省・日本銀行が同時公表

重要性が増してきたのが金融収支。資本の海外への流失（直接投資、海外証券投資等）と外国資本の国内流入（直接投資、証券投資）の収支尻を示す。「貿易・サービス収支」は「経常収支」の一部。過去20年来の日米関係は、貿易収支では米国から日本に資金が流入、この資金が米国の長期債購入に向かうという構造。つまり、貿易収支では日本の黒字、米国の赤字であるのとは逆に、金融収支面では日本は赤字、米国は黒字だ

定義・種類	基本的な読み方

② 海外

②—a　雇用・非農業部門（米国）

米国で農業部門以外の産業に従事する人がどれだけ増減したかを示す。毎月原則として第一金曜日に発表。米国の雇用統計の中でも最重要データ	月15〜20万人程度の増加が景気には中立。米国では、終身雇用の考えはほとんどなく、レイオフ、解雇が日常的に行われるため、景気と雇用データは密接に関連している

②—b　消費者信頼感指数（米国）

米国の消費者にアンケート調査を実施。消費者から「現在の景況感や半年後の景況感」、「雇用状況」、「所得、物資の購入計画」等について回答を得た上で指数化	個人消費の先行指標。個人消費データとの関連性が高いことが知られている。最近では、NYダウに対して数か月程度先行することから、とくに株式関係者は注目

②—c　ISM製造業景気指数

米サプライマネジメント協会が製造業350社の購買担当者へのアンケートに基づき作成。生産、在庫、価格等につき前月比較で「良」「同」「悪」の回答を指数化	50超は景気上昇、それ未満だと景気低迷を示すとみなされる。速報性に富むことから、企業のセンチメントを迅速に測るデータとして重要。非製造業の指数もあり

②—d　OECD景気先行指数

OECD（経済協力開発機構）が毎月作成。世界各国の経済データをもとに各国別の指数ならびに「OECD」「OECD＋major6」「EU」等の指数を作成する。100を超えると景気拡大、下回ると景気後退	わが国の経済は世界景気との連動性が高まっており、世界景気との関連で我が国の経済成長率を読むべき

②—e　PCEデフレータ（コア）

米GDPを構成する個人消費支出につき名目値を実質値で割って算出。食品とエネルギーは除く。消費者物価指数（CPI）に比べ広範囲の品目をカバーし、基準年のウエイトは機動的に毎年更新されるため、より個人消費の実態に近いとされる	FRBはインフレ目標数値としてPCEデフレータ2%程度を掲げる。目標と実際のデータとの差がFRBの金融政策を読むに際して重要。2%に届かないようだと緩和気味に、2%をコンスタントに上回れば引き締め気味の政策スタンスをとるのが基本

1 主要経済データ

経済統計データをチェックするために

　ここまで、主要な経済統計データにつきその概略を説明してきたのですが、実際問題、各種データが現在どのように動いているかを観察しなければ、ビジネスの現場でも、あるいは投資に際しても役立ちません。

　さて、ではそのためにはどうすればいいでしょうか。以下、簡単にアクセス、利用できるネットサイトをご紹介しておきます。

1．総務省統計局の「統計ダッシュボード」

　公的機関が発表する各種統計データの総元締めともいうべき総務省統計局が、独自で公開しているデータサイトがあります。データの種類はとても豊富で、かつグラフを自在に加工できるという特徴を持ちます。

　以下、サイトに記載されている「統計ダッシュボードとは」の説明を引用しておきます。

――国や民間企業等が提供している主要な統計データをグラフ等に加工して一覧表示し、視覚的に分かりやすく、簡単に利用できる形で提供するシステムです。
――よく利用される統計データは、あらかじめグラフ表示していますので、データの経年変化（時系列）や地域による差の比較がすぐにできます。グラフ上で項目の説明やデータソースとなっている統計調査名を見ることもできます。
――また、収録されている約5,000のデータ系列は、分野ごとに整理されていますので、統計調査名や統計調査を実施している機関が分からなくても、分野から調べたいデータの系列名を選択することにより簡単に探すことができます。

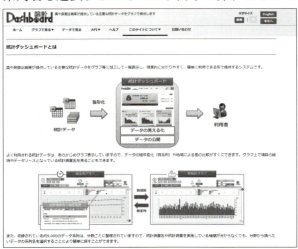

https://dashboard.e-stat.go.jp/static/whatIs

1 主要経済データ

https://dashboard.e-stat.go.jp/

　このほか、現在、複数の景気関連データを一覧表として取得することのできる既存のサイトを3つご紹介しておきます。

2．「月例経済報告」（内閣府）
　月に一度開かれる経済関係閣僚会議に提出される内外の経済動向についての報告書。このサイトでは詳細な付属資料が利用可能です。経済の分野ごとに一覧表として提供されています。詳細な経済分析を行う者にとってはバイブル的存在といっていいでしょう。
　http://www5.cao.go.jp/keizai3/getsurei/getsurei-index.html

81

3．外務省の「海外経済データ」

　海外主要国の代表的な経済統計データが主に一覧表として提供されています。基準は原則として月次ベース。

　以下の画面の一番上の「主要経済指標（PDF）」をクリックすると、全データを閲覧できます。

　ただし、資料の性格上、多くのデータの更新は月1度であり、そのタイミングは半月以上遅れる点には注意が必要です。しかし、海外の主要データが一通り整理されている本サイトは使い勝手が良いと思います。

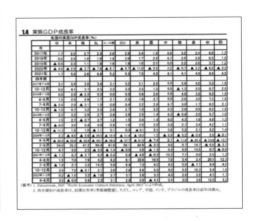

https://www.mofa.go.jp/mofaj/area/ecodata/index.html

2 金利の世界

国内金利①

金融機関だけが参加できる「インターバンク市場」と、それ以外の事業会社等も参加できる「オープン市場」から成っている

① ◇コール（短資協会、加重平均、速報）

①-a 無担保の翌日物が中心的なレート

③ 資金需給予想

（2022年11月15日　日本経済新聞）

2　金利の世界

定義・種類	基本的な読み方

① コール

メガバンクなど資金が不足しがちな金融機関（不足金融機関）と農林中央金庫や信託銀行など資金が潤沢な機関（余資金融機関）との間で、ごく短期の資金の貸借が行われるインターバンク市場での中心的な市場。コールとは「呼べば応える」の意味	資金調達側からみると「コールマネー取り入れ」、資金運用者側からみると「コールローン放出」。前者が賃金の「取り手」、後者が「出し手」。日本銀行がコントロールの対象にしている政策金利は、このうち無担保翌日物レート

①-a　無担保コール翌日物レート

コール市場での中心的なレート。資金の出し手からみると、翌日にお金が戻ってくるという、ごく短期の取引に付く金利。「オーバーナイト物」ともいう。金融市場での資金繰りを端的に示すほか、日本銀行の政策を最も敏感に反映する政策金利	日中いくつかのレートが付いた場合、最も取引量が多いレートを表示。金融緩和時には、金融市場に潤沢な資金の供給が行われ、市場には資金が豊富にあるため、金融機関全体としては資金調達意欲が低下、コールレートは下がる

② 日銀当座預金残高

日本銀行と取引がある金融機関が日銀に預けている当座預金残高。預金取扱金融機関による準備預金を含む。民間金融機関にとっては「資産の部」に日本銀行の側では「負債の部」に計上される	日本銀行による金融緩和の程度を端的に示すとともに、金融機関全体の資金繰りを表す。一般的に、日本銀行が金融緩和のために資金を潤沢に供給すると、当座預金残高が増加する

③ 資金需給予想

インターバンク市場での資金の需要と供給のバランスを示すデータ。「予想」とあるが、日銀は日々詳細にこのデータをチェックしており、実際にはその予想とほぼ同額の資金の不足、あるいは余剰が生じると考えていい	日銀が日々の金融調整を行うための最も基礎になるデータである。余剰の時にはその資金を吸収し、不足の時にはそれを埋めるために資金供給を行うのが基本である

85

2 金利の世界

国内金利②

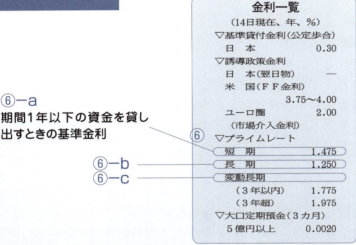

⑥-a 期間1年以下の資金を貸し出すときの基準金利

⑤ 実際に日本証券業協会が報告を求め、毎営業日公開している銘柄の数は、5000銘柄を優に超える

（2022年11月15日　日本経済新聞）

④ 新しく発行されようとしている「10年物固定利付き国債」この利回りが日本におけるあらゆる中長期金利のうち、きわめて重要な金利

⑤-a 中期利付国債の中で、満期までの期間が最も長い銘柄に対する注目度が高い（約5年）

| 定義・種類 | 基本的な読み方 |

④ 新発10年国債

| 国は、歳入不足を埋めるためにほぼ毎月10年国債（固定金利）を発行している。新発債が証券会社、銀行等、機関投資家の間で活発に取引されている | 日本の中長期金利を先導していくという意味で、最も重要。日中でも、常に「価格」ならびに「利回り」は変動している。中長期ローン金利などに影響を与える |

⑤ 公社債店頭売買参考統計値
⑤-a　中国（5）

| 5年国債のうち、最長期銘柄（＝最新発行銘柄）の市場での売買利回り。証券会社、銀行等が報告した利回りの平均値。毎営業日、日本証券業協会発表 | これから新しく発行される「中期国債（5年）」利回りに決定的な影響を与える。現在、ほとんどの債券銘柄は上場されていないため、価格公示機能を果たすべく公表されている |

⑥ プライムレート（日本）
⑥-a　短期プライムレート

| 金融機関が、期間1年以下の資金を最も信用力の高い企業に対して貸し出す際に適用する短期最優遇貸出金利。「⑥-c　変動長期プライムレート」の基準になるという意味でも重要 | 「コールレート」、「大口定期預金」などの市場金利を基準にして設定。多くの金融機関の期間1年以下の貸出の適用基準金利。変動金利型の住宅ローン標準金利は、おおむねこの金利に連動 |

⑥-b　長期プライムレート

| 旧長期信用銀行（現みずほ銀行等）が扱う期間1年超の最優遇貸出金利。日本の長期金利体系の中心的な役割を果たす | 中～長期の固定金利住宅ローンの設定に際し、各金融機関は参考にする。原則として、毎月10日ごろ見直し |

⑥-c　変動長期プライムレート

| 都銀、地銀、信金等が扱う最も高い信用力を持つ企業に対する期間1年超の最優遇貸出金利。変動金利制 | 期間3年以内＝短期プライムレート＋0.3％、3年超＝同＋0.5％などと決める金融機関が多い |

2 金利の世界

海外金利

②−a
日本のコールレートに相当する、米FRB（連邦準備制度理事会）にとって最も重要な政策誘導目標金利

①−a
米国長期金利の最先端にある金利として、その指標性が注目を集めている

◇米国短期金利				前日	
プライム			7.00		7.00
FF※			3.83		3.83
TB	3カ月	4.08—	4.06	4.08—	4.06
	6カ月	4.39—	4.37	4.40—	4.38
CP	1カ月		—		—
	3カ月		—		—
ドル	1カ月	4.00—3.92		3.97—3.90	
（IBF）	3カ月	4.71—4.67		4.69—4.64	
	6カ月	5.23—5.09		5.26—5.16	

※は当日が速報値、前日はニューヨーク連銀算出

◇英国短期金利（ICE LIBOR）			
ドル	1カ月	3.88657	3.87529
	3カ月	4.64386	4.60614
	6カ月	5.10386	5.08400
円	1カ月	−0.06005	−0.06005
	3カ月	−0.04097	−0.03973
	6カ月	0.03035	0.03220

（注）円はシンセティックLIBOR

①

海外金利　　（14日、％）

◇米国長期金利			前日
米 国 債	10年	3.85	3.81
	30年	4.04	4.05

◇欧州長期金利			
英 国 債	10年	3.347	3.339
	30年	3.470	3.462
独連邦債	5 年	2.077	2.082
	10年	2.148	2.150

（2022年11月15日　日本経済新聞夕刊）

①−b、c
従来から、外債、外債ファンドへの個人投資が多く、従来にも増して注目度が高まってきている

定義・種類	基本的な読み方

① 米欧長期

①-a 米国債（10年）

米国で発行されている財務省中期証券（Treasury Note）のうち10年債の流通市場での売買利回り。米国財務省証券は期間別に、「短期証券（1年以下＝TB＝トレジャリー・ビルズ）」、「中期証券（2〜10年＝TN＝トレジャリー・ノート）」、「長期証券（10年超＝TB＝トレジャリー・ボンド）」がある	米国の新発国債利回りに及ぼす影響大。日本で販売される外債ファンドによって多く保有されている。米国が利上げ、利下げを行うときにはそれに先行して動くため、きわめて注目度が高い。また、この金利と日本の10年国債利回りとの差がドル円相場に強い影響を及ぼすことでも重要な指標である

①-b 英国債（10年）

英国で発行されている国債の流通市場での売買利回り。英長期金利の代表	英国の新発国債利回りに及ぼす影響大

①-c 独連邦債（10年）

ドイツで発行されている10年国債（連邦債）の利回り。ユーロ市場で核となる長期金利であり、注目度は高い	ドイツの新発国債利回りに及ぼす影響大

②-a FF

米フェデラルファンドレート。その機能、仕組みは日本のコールレートに酷似。金融機関が互いに短期資金を貸借するに際して付く金利。米国の政策金利	米国が金融政策で、「利上げ」、「利下げ」を行う場合には、中央銀行によるこのFFレートの誘導目標水準の「上げ、下げ」を指す

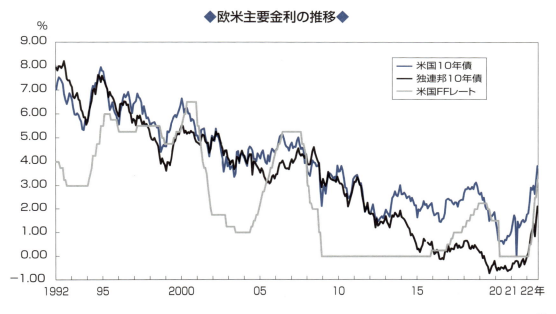

◆欧米主要金利の推移◆

3 為替の世界

円相場

実際には24時間取引が行われている

前日との比較が可能

銀行間で取引される相場

便宜上、9：00を始値、17：00を終値としている

国内では、このように円が直接からまない外貨ー外貨取引も行われている

外為市場 （14日）

① ◇円相場

（銀行間直物、1ドル＝円、売買高は前日、終値は17時、寄付は9時時点、日銀）

		前日
終値	139.49—139.52	141.18—141.20
寄付	139.60—139.62	141.73—141.75
高値	138.80	141.00
安値	139.87	142.48
中心	139.60	142.45
直物売買高		64億6700万ドル
スワップ売買高		311億7100万ドル

◇名目実効為替レート指数

日銀（1999年1月＝100、前日分）

日本円	85.92

② 日経インデックス（2015年＝100）

日本円	94.0
米ドル	112.7
ユーロ	104.6

◇主要通貨の対円レート

（17時、東京金融取引所・FX）

英ポンド/円	1ポンド＝164.33～164.39円
豪ドル/円	1豪ドル＝93.380～93.410円
スイスフラン/円	1スイスフラン＝147.46～147.49円
カナダドル/円	1カナダドル＝105.12～105.16円
NZドル/円	1NZドル＝85.03～85.07円

◇主要通貨の対ドルレート

（17時、カッコ内は前日終値）

英ポンド	1.1785 — 1.1789
（1ポンド＝ドル）	（1.1746 — 1.1750）
スイスフラン	0.9455 — 0.9459
（1ドル＝スイスフラン）	（0.9627 — 0.9631）
豪ドル	0.6692 — 0.6696
（1豪ドル＝ドル）	（0.6650 — 0.6654）

◇上海市場＝中国人民元

（銀行間取引、17時30分現在、カッコ内は前日）

米ドル（1ドル＝元）	7.0378	（7.1106）
日本円（100円＝元）	—	（ ）

◇対顧客米ドル先物相場

（三菱UFJ銀、円）

	売り	買い
11月渡	140.60	138.33
12月〃	140.35	137.75
1月〃	139.70	137.09
2月〃	139.15	136.57
3月〃	138.64	135.96
4月〃	137.99	135.40

④ ◇外為 対顧客電信売相場

▽三菱UFJ銀（円）

		前日
米ドル	140.60	142.87
ユーロ	145.66	145.91
カナダドル	106.85	107.93
英ポンド	168.66	169.52
スイスフラン	148.64	147.73
デンマーククローネ	19.68	19.71
ノルウェークローネ	14.35	14.31
スウェーデンクローナ	13.83	13.75
豪ドル	95.48	95.58
ニュージーランドドル	87.24	87.14
香港ドル	18.24	18.52
シンガポールドル	102.45	103.38
サウジアラビアリヤル	38.00	38.60
U.A.E.ディルハム	38.75	39.37
タイバーツ	3.97	4.00
インドルピー	1.89	1.92
パキスタンルピー	0.78	0.79
クウェートディナール	462.28	469.67
カタールリヤル	38.79	39.43
インドネシア100ルピア	1.02	1.03
メキシコペソ	8.15	8.35
韓国100ウォン	10.84	10.75
フィリピンペソ	2.60	2.60
南アフリカランド	9.57	9.65
チェココルナ	6.06	6.07
ロシアルーブル	2.55	2.59
ハンガリーフォリント	0.38	0.38
ポーランドズロチ	32.05	32.09

▽みずほ銀

中国人民元	20.00	20.11
トルコリラ	10.20	10.36
台湾ドル（参考値）	4.49	4.51

▽ブラジル銀

ブラジルレアル	27.17	27.41

（2022年11月15日　日本経済新聞）

定義・種類	基本的な読み方

① 円相場
① 終値（おわりね）／寄付（よりつき）／高値（たかね）／安値（やすね）／中心

東京外国為替市場で行われる銀行間直物（じきもの）相場（インターバンク・レートともいう）。直物では、約定（やくじょう＝契約の締結）から翌々営業日に決済が行われる。「寄付」、「高値」、「安値」、「終値」、「中心」の5本値を表示。国内で行われるあらゆる外為取引の基準になる。日本銀行が金融機関等から聴取した上で発表	その日の相場の推移を、5本値で示す。『高安』はすべて円基準。 ・寄付……午前9時段階での為替レート ・終値……午後5時現在での取引相場 ・高値……円を基準に見た場合の最高値 ・安値……日中の最も円が安かった為替レート ・中心……最も取引高の多かった相場 終値の「109.57 ― 109.59」は銀行側からみた1ドル当たりの買い希望値と売り希望値

② 日経インデックス（日本円／米ドル／ユーロ）

日本経済新聞が独自で算出する為替インデックス。主要な25通貨につき、実効為替レート（各国間の輸出入金額での加重平均為替レート）を指数化したもの	基準年（2008年＝100）に比べ、各通貨の総合的な価値がどれだけ変動したかが分かる。日本企業が、貿易の面でどの程度の為替変動の影響を受けているかを示す

③ 主要通貨の対ドルレート

東京市場で金融機関が行う米ドルに対する欧州、豪州主要通貨の為替相場。日本銀行等からデータは入手	東京市場でも、外貨－外貨取引は頻繁に行われている。英ポンド、豪ドルの表示とスイスフランの表示法が逆であることに注意

④ 外為 対顧客電信売相場

金融機関が顧客に外貨を「売る」ときに適用される為替相場。銀行間直物相場が卸値だとすれば、対顧客電信売相場は小売値に相当。TTS（テレグラフィック トランスファー セリング）。「銀行間直物相場＋α」の水準で決まる。米ドルの場合、α＝1とする金融機関が多い	三菱UFJ銀行などが毎朝10〜11時すぎごろ発表。個人の外貨預金預入時には、このレートを適用する金融機関が多い。すべて対円表示。米ドル、ユーロ以外の外債にも投資する外債ファンドの注目度が上がったことで利用頻度が高い

4 株式の世界

平均的株価水準

①-b
日経平均と並ぶ、重要な株価指標（TOPIXともいう）。東証1部全銘柄を対象に算出される

①-a
日経225種平均株価のこと

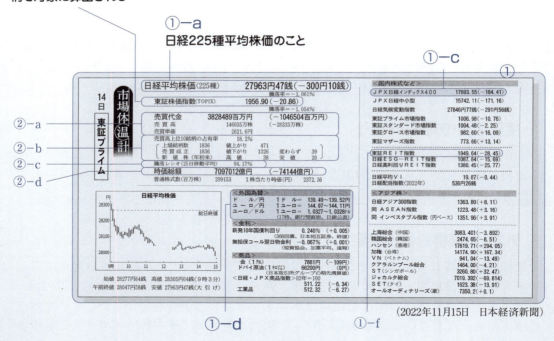

（2022年11月15日　日本経済新聞）

〈参考〉2022年4月4日以降の市場再編成

https://www.jpx.co.jp/equities/market-restructure/market-segments/index.html

4　株式の世界

定義・種類	基本的な読み方

① 市場体温計

①−a　日経平均株価（225種）

東京証券取引所プライム市場に上場されている約1600銘柄のうち、流動性が高い銘柄から業種のバランスをとって225銘柄を抽出、その平均的な価格水準を示す。個々の銘柄の上場株式数は考慮されない。つまり、株価200円のA銘柄が50億株上場されている一方、5,000円のB銘柄が1億株しか上場されていなくても、以上の200円と5,000円は同じウエイトで扱われる	株価が高く、かつ上場株式数が少ない銘柄の動きに大きく左右される。株価200円の銘柄が10％上がる（20円値上がり）より5,000円の銘柄が10％上がる（500円の値上がり）ことによる影響力のほうが大きいことに注意が必要。この平均株価に連動するインデックスファンドが多く販売されている

①−b　東証株価指数（TOPIX）

東京証券取引所に上場されている銘柄を幅広く網羅したうえで東証が算出する株価指数。TOPIXともいう。基準時点である1968年1月4日時点での時価総額を100とした指数として算出。日経平均など単純平均株価の弱点を補うために1969年7月から算出・公表開始	日経平均株価とは異なり、個々の銘柄の上場株式数でウエイト付けした上で算出される時価総額方式によっているため、大型株（企業規模が大きな株）の値動きの影響を受けやすい。投資信託でも「TOPIX＋α」を運用目標（ベンチマーク）とするアクティブファンドが多い

①−c　JPX日経インデックス400

日本取引所グループと東京証券取引所、日本経済新聞社が共同で開発した新指標。2014年1月6日から算出。主に企業の資本効率を示すROEを基準に、投資家の目から見て魅力の高い企業400社で算出される	株主資本がどの程度効率的に活用されているか、という点に着目して新たに開発された指標。グローバルマーケットでは資本効率の良否が投資魅力を決める大きな要素になっていることに着目して作られた

①−d　外国為替（ユーロ／円）

東京外為市場で行われる円、ドル、ユーロの取引でついたレートを示す。「1ドル（ユーロ）を求めるためには、いくらの円が必要であるか」という基準で示される。ユーロ／ドルは1ユーロを買うために必要なドルを表す	ドル／円、ユーロ／円、ユーロ／ドルにつき日銀発表の午後5時現在の相場（終値）が示される。記載レートは、銀行側からみた1ドル（ユーロ）当たりの買い希望値と売り希望値（気配値＝けはいね）。昨今は対米ドルだけではなく、対ユーロでの円相場も重要

4 株式の世界

売買コンディション等

②-a 相場が活発だと増える傾向にある

②-b 売買高上位10銘柄の全体に対するシェアを示す。日々の変動が激しいため移動平均値も示される

②-c $\frac{値上がり数}{値下がり数}$ が騰落レシオ

②-d 1989年末にはこれが約595兆円だった

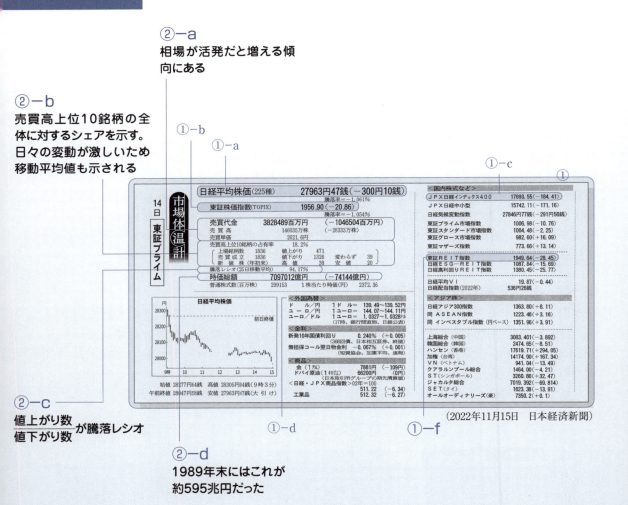

(2022年11月15日 日本経済新聞)

定義・種類	基本的な読み方

①-f　東証REIT指数

東証に上場されているREIT（不動産投信）全体の水準、動きを示す。TOPIXと同じく時価総額方式により算出される	わが国のREITを投資対象とするJ-REITファンドには、この指数をベンチマークとして運用されているものが多くある

② 売買代金・売買高・騰落レシオ

②-a　売買代金、売買高、売買単価

「売買代金」とは、証券取引所で売買された結果、売り方から買い方に渡った金額。売り方から買い方に渡った株式数が「売買高」。「売買単価」は売買代金を売買高で割って算出される	投資家の売買意欲の強さを示すデータ。株価の上昇局面では増加、低迷局面では減少する。大型株の売買が多いときには、売買高は膨らむ。値がさ株（高株価銘柄）の売買が多いときには、売買高は少ないが、「売買代金」は膨らむ

②-b　売買高上位10銘柄の占有率

売買高占有率は売買高上位10傑の銘柄の全体に対するシェアを示す	占有率が30％を超えると、特定の株式に人気が集中し過ぎ、20％を下回ると分散し過ぎであると判断される。さらにその下には上場銘柄のうち値上がり、値下がり銘柄数、年初来の高値あるいは安値をつけた銘柄数などが示されている

②-c　騰落レシオ

終値の前日比基準で「値上がり」、「値下がり」の銘柄数が示されるほか、そのバランスを表すレシオ（比率）が掲載される	「（値上がり銘柄数／値下がり銘柄数）×100」が騰落レシオ。120％以上だと相場はやや過熱、70％を割ると相場は底入れの兆しと判断される

②-d　時価総額

個別銘柄の株価に上場株式数を掛け合わせたものを合計したもの	上場株式全体を時価評価したときの資産価値を表す。取引所市場の規模を端的に示す

4 株式の世界

投資指標①

③—a 代表的な投資尺度。企業の収益性を基準に、株価の高安を判断するためのもの

③—b 企業が持つ財産価値を基準に、株価の高安を判断するための物差し

③—c 低成長、低金利時代に入り、注目度が高くなった

＜国内株式など＞

ＪＰＸ日経インデックス４００	17693.55（−184.41）
ＪＰＸ日経中小型	15742.11（−171.16）
日経気候変動指数	27846円77銭（−291円56銭）
東証プライム市場指数	1006.98（−10.76）
東証スタンダード市場指数	1004.48（−2.25）
東証グロース市場指数	982.60（＋16.09）
東証マザーズ指数	773.66（＋13.14）
東証ＲＥＩＴ指数	1949.64（−28.45）
日経ＥＳＧ−ＲＥＩＴ指数	1087.84（−15.69）
日経高利回りＲＥＩＴ指数	1380.45（−25.77）
日経平均ＶＩ	19.87（−0.44）
日経配当指数（2022年）	536円26銭

＜アジア株＞

日経アジア300指数	1363.80（＋8.11）
同 ＡＳＥＡＮ指数	1223.48（＋3.16）
同 インベスタブル指数（円ベース）	1351.96（＋3.91）
上海総合（中国）	3083.401（−3.892）
韓国総合（韓国）	2474.65（−8.51）
ハンセン（香港）	17619.71（＋294.05）
加権（台湾）	14174.90（＋167.34）
ＶＮ（ベトナム）	941.04（−13.49）
クアラルンプール総合	1464.00（−4.21）
ＳＴ（シンガポール）	3260.80（＋32.47）
ジャカルタ総合	7019.392（−69.814）
ＳＥＴ（タイ）	1623.38（−13.91）
オールオーディナリーズ（豪）	7350.2（＋0.1）

◇投資指標

（ＰＥＲと配当利回りの太字は予想、カッコ内は前期基準、ＰＢＲは四半期末基準、連結ベース）

	ＰＥＲ（倍）	ＰＢＲ（倍）	配当利回り（％）単純平均	加重平均
日経平均採用銘柄	12.49（13.52）	1.14	2.27（2.10）	
ＪＰＸ日経400採用銘柄	12.93（13.60）	1.28	2.11（1.95）	2.54（2.37）
東証プライム全銘柄	13.34（14.31）	1.15	2.37（2.19）	2.52（2.35）
東証スタンダード全銘柄	14.52（16.77）	0.91	2.23（2.24）	1.96（1.92）
東証グロース全銘柄	95.42（　—　）	4.31	0.31（0.26）	0.21（0.18）

③—d

株式益回り（東証プライム全銘柄）	予想	7.49%
	前期基準	6.98%

◇各種指数（カッコ内は前日比、％は騰落率）

日経株価指数300	412.83（−4.37） **④—a**
日経500種平均株価	2637円46銭（−8円69銭） **④—b**
日経平均高配当株50指数	41324.92（−504.78）
日経平均内需株50指数	19339.74（−252.53）
日経平均外需株50指数	30926.75（−250.39）
日経平均トータルリターン	47958.50（−514.68）
日経平均ＶＩ先物指数	67.67（−1.02%）
単純平均（東証プライム全銘柄）	2436円98銭（−18円33銭） **④—c**
東証規模別株価指数	
大型	1879.52（−21.72）
中型	2181.02（−17.82）
小型	3411.23（−41.22） **④—d**

（2022年11月15日 日本経済新聞）

| 定義・種類 | 基本的な読み方 |

③ 株式市場の投資指標

③−a　PER（株価収益率）

定義・種類	基本的な読み方
PER（Price Earnings Ratio）。個々の銘柄について、株価を1株当たり年間税引き後利益で割った値（の市場平均値）。「前期基準」とは、すでに確定した直前の決算における数字（税引き後利益の額）基準。「予想」は今期の決算予想（予想税引き後利益）基準	株価が1株当たり年間利益金の何倍まで買われているかをみる指標。株価が上昇すれば、自動的にPERの値は上がる。PERは、個別銘柄レベルでも他の銘柄と比較して高ければ割高であり、低ければ割安であると判断される

③−b　PBR（純資産倍率）

定義・種類	基本的な読み方
PBR（Price Book-value Ratio）。個々の企業について、「株価／1株当たり純資産」を計算、それを所定の銘柄につき平均したもの。純資産は簿価ベースで計算	企業が持つ総資産から負債総額を控除して得られた純資産から、1株当たりの純資産を算出、株価がその何倍であるかを示す。企業が持つストック資産を基準にした投資尺度。理論上は1倍が下限だが、業績低迷銘柄だと1倍未満のものも少なくない

③−c　配当利回り

定義・種類	基本的な読み方
1株当たりの年間配当を、その時点での株価で割って算出した値。各銘柄ごとに算出したものを、それぞれの分野で集計（平均）したもの	古くは、この利回りが預貯金金利と比較され、株式投資の尺度とされたこともある。昨今では、恒常的に預金金利を上回る。配当利回りが、この市場全体の平均値を超える銘柄（高配当銘柄）は期待収益率が高いとして、人気が高い

③−d　株式益回り

定義・種類	基本的な読み方
1株当たりの年間税引き後利益の額が、株価に対して何％であるかを示す。PER（株価収益率）の逆数	株式と長期国債の収益性を比較するときに利用される。「長期国債利回り」から「株式益利回り」を引いたものが「イールドスプレッド」。これが上昇すると株価が過熱気味と判断。ただし、昨今は債券利回りが極端に低く、この指標は現実には役に立たない

4 株式の世界

投資指標②

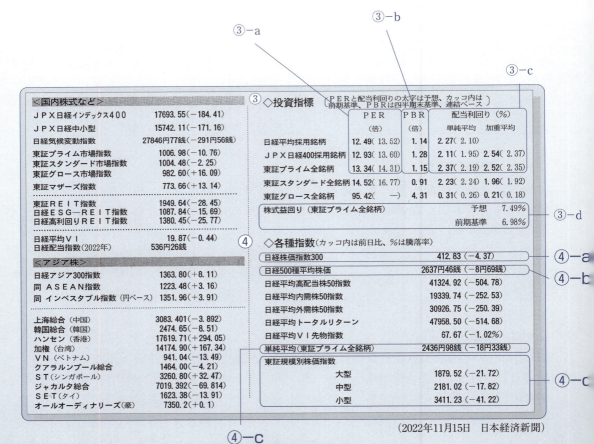

（2022年11月15日　日本経済新聞）

定義・種類	基本的な読み方

④ 各種指数

④-a　日経株価指数300

東証プライム市場上場銘柄から300を選び、時価総額方式で算出した株価指数。1982年10月1日の時価総額を100として算出	流動性が高い銘柄のうち、時価総額を基準に業種別バランスを考慮した上で銘柄が選定されているため、TOPIX（東証株価指数）の動きに近い。インデックスファンドでも、これに連動するものがある。毎年10月初に銘柄入替え

④-b　日経500種平均株価

東証プライム市場上場銘柄から過去3年の出来高、時価総額等をもとに選定。日経平均（225種）と同様、上場株式数は考慮されず算出される（価格平均方式）	日経平均（225種）より大幅な銘柄入替えが行われる傾向あり。そのため、その時々の人気銘柄の割合が多く、トレンドをみるのに適している。これを業種別にみたものが「業種別日経平均（500）」。毎年4月初に銘柄入替え

④-c　単純平均（プライム全銘柄）

東京証券取引所プライム市場の全銘柄について当日の株価の終値を合計して、それを銘柄数で割って算出した最も単純な平均株価	上場株式数が少なく価格水準が高い値がさ銘柄の動きに影響を受けやすい。権利落ちに伴う株価下落を修正していないため、実際の動き以上に価格が下落しがち。プライム上場銘柄全体の平均的な株価水準が分かる

④-d　東証規模別株価指数（大型／中型／小型）

東証株価指数（TOPIX）算出対象銘柄中、時価総額と流動性が高い上位100銘柄が大型株、これに次ぎ時価総額と流動性が高い上位400銘柄が中型株、それ以外を小型株と分類した上で各指数を作成	その時々の相場が、どのような銘柄によって主導されているかが分かる。新技術、産業分野が元気なときには、概して小型株指数が高くなることが多い。大型割安株の見直し局面では、大型株指数が上がる傾向がある

4 株式の世界

その他①

昨今、最も注目されている海外投資家の売買動向。売買総代金では全体の60%程度を占める

インド以外の株価指数はいずれも日中に取引が行われているラップタイムでのデータであることに注意

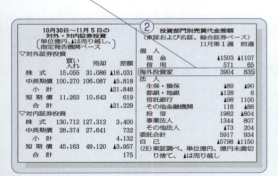

(2022年11月11日　日本経済新聞)
※原則として毎週金曜付朝刊【マーケット総合2】に掲載される

必ずといっていいほど毎朝各種メディアで報道されるのが、この二大米国株式指標

ナスダックは「ハイテク関連銘柄が多い米店頭市場の総合指数」

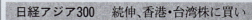

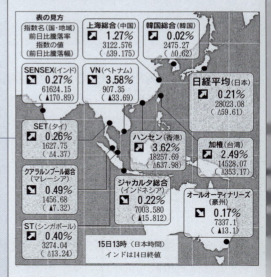

(2022年11月15日　日本経済新聞夕刊)
※火曜〜金曜の夕刊に掲載

| 定義・種類 | 基本的な読み方 |

① 世界の主要株価

| 「世界主要国の株価指標」は、米国のニューヨーク・ダウをはじめ、イギリスのFTSE100、ドイツのDAX指数、中国の上海総合指数などが掲載される。昨今では、このほかインド、ブラジル、韓国、豪州の株価指数への注目度が高い | 先進各国の株式市況とともに、昨今では、海外株式に集中投資する海外株式型のファンドも急増してきているため重要度が増してきた。上のアジア各国の株価は当日の13時（日本時間）時点であることに注意 |

② 投資部門別売買代金差額（原則毎週木曜日発表）

| 東京、名古屋の2市場におけるセクター（投資部門）別の前週1週間（通常は月曜日から金曜日まで）の売買動向が毎週木曜日に発表。「個人」、「海外投資家」、「法人」（以上総計が委託合計）、そして「自己」（証券会社）に分類した上で、「買越し」、「売越し」の金額を発表する | 「その時々の市場ではどんなセクターの投資家が売り、買いを積極的に行っているか」を端的に示すデータとして注目度が高い。近年、海外投資家ならびに個人投資家の売買シェアが高まってきており、その動向が相場を大きく左右する |

◆世界主要国の株価指数の推移◆

4 株式の世界

その他②

◇ランキング

▽東証プライム

値上がり率（％）
- ①帝国電 23.5
- ②平田機工 15.4
- ③アシックス 15.3
- ④ホシデン 10.0
- ⑤GDO 9.4
- ⑥ペプドリ 9.1
- ⑦スズケン 9.0
- ⑧ダイヤHD 8.3
- ⑨エニグモ 7.2
- ⑩ラクス 6.9

値下がり率（％）
- ①ツバキナカ 18.7
- ②LINK&M 16.7
- ③スプリックス 16.3
- ④ミルボン 16.0
- ⑤ゲオHD 14.2
- ⑥大真空 14.2
- ⑦DOWA 14.2
- ⑧サイバーリン 13.6
- ⑨日電子 12.9
- ⑩SBG 12.7

売買代金（百万円）
- ①レーザーテク 333155
- ②SBG 250905
- ③東エレク 93438
- ④任天堂 54131
- ⑤ファストリ 51849
- ⑥キーエンス 46834
- ⑦トヨタ 42097
- ⑧三菱UFJ 41003
- ⑨日電産 36753
- ⑩資生堂 36234

▽東証スタンダード

値上がり率（％）
- ①アジア開発 33.3
- ②きちりHD 25.8
- ③ササクラ 22.6

値下がり率（％）
- ①リバーエレ 18.3
- ②名村造 16.7
- ③スピー 15.7

売買代金（百万円）
- ①フェローテク 11983
- ②タカトリ 4418
- ③アルメディオ 4358

▽東証グロース

値上がり率（％）
- ①EDP 21.7
- ②マイクロ波 20.4
- ③チャットW 19.4

値下がり率（％）
- ①ザクー 24.0
- ②ブライトパス 17.9
- ③総医研HD 16.9

売買代金（百万円）
- ①マイクロ波 32258
- ②ブレイド 17948
- ③プラスゼロ 9902

（2022年11月15日 日本経済新聞）

④ 銘柄ごとのランキングは、相場のコンディションをみるためには重要な指標

いわゆる、騰落率のランキング表

どんな銘柄に商いが集中したかをみるために、チェックしておきたいデータ

③ 日経平均500種に採用されている銘柄につき、業種別インデックス（平均）が、毎日計算されている

◇業種別日経平均（500種）(14日、円・%)

業種		騰落幅	騰落率	業種		騰落幅	騰落率
水産	202.24	△1.32	△0.65	精密機器	10262.76	△61.48	△0.6
鉱業	379.49	△0.14	△0.04	その他製造	1334.29	△8.25	
建設	1232.83	△22.69	△1.81	商社	3583.93	△3.63	
食品	1532.36	△9.84	△0.64	小売業	5750.94	△59.25	
パルプ・紙	411.06	△6.01	△1.44	銀行	1031.04	△19.07	
繊維	271.90	△11.95	△4.21	その他金融	2982.37	△29.00	
化学	1800.42	△7.41	△0.41	証券	2041.76	△19.36	
医薬品	1777.63	△49.01	△0.63	保険	4512.24	△29.44	
石油	954.14	△27.51	△2.81	不動産	2090.76	△6.09	
ゴム	2546.56	△36.82	△1.43	鉄道・バス	1580.01	△9.32	
窯業	873.18	△1.39	△0.16	運輸	1399.28	△0.87	
鉄鋼	312.34	△1.31	△1.09	海運	497.76	△4.73	
非鉄・金属	503.01	△2.34	△0.40	空運	72.97	△2.25	
機械	2490.19	△8.35	△0.34	倉庫	1680.20	△67.57	
電気機器	9574.52	△2.45	△0.03	通信	5958.86	△360.45	
造船	133.28	△2.55	△1.88	電力	209.48	△2.25	
自動車	3268.73	△20.59	△0.63	ガス	955.75	△7.67	
精密用機器	874.54	△13.12	△1.52	サービス	2738.80	△20.27	

（2022年11月15日 日本経済新聞）

たとえばトヨタ自動車の株価の動きをこの指数の動きと対照させながらみるといった利用法あり

特定の業種の株式だけに集中投資するファンド（投信）の基準価額の動きを該当業種の指数の動きと比べる場合に使える

定義・種類	基本的な読み方

③ 業種別日経平均（500種）

日経500種平均株価に採用されている銘柄を36業種に分類した上で、それぞれの業種ごとに平均株価を算出したもの。いわば業種別インデックス	ある任意の企業の株価動向を、この業種別日経平均の動きと比較することで、その企業の同業種内における相対的な動き（人気あるいは業績への期待度等）を推測できる

④ ランキング

東証プライム、スタンダード、グロース各市場について個別銘柄ごとの値上がり・値下がり率や売買代金上位の銘柄のランキングが掲載される。その時々のマーケットコンディションを測るための諸データ	値上がり、値下がり率ランキングでは、「小型株中心で上昇」とか、「電機株は下げた」といった特徴が分かる。売買代金の上位銘柄は一般に注目度が高く、近い将来の株価の動きについての市場参加者の思惑（上昇、下落予想）が交錯している場合が多い

5 商品の世界

国内商品①

- ① 日次ベースで国内の商品価格をバスケット方式で算出
- 毎日価格が掲載される最重要商品である
- 週1回ならびに月（4週）1度の割合で掲載

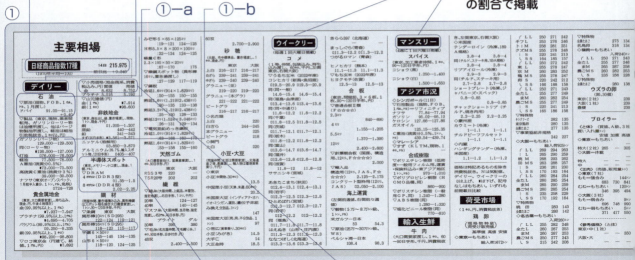

（2022年11月15日　日本経済新聞）

- ①-d 鋼材の指標的な価格
- 電気・エレクトロニクス・IT関連企業にとっては重要なデータ
- ①-c 国内での金の小売価格の標準。売り・買いは業者の側からみての用語

定義・種類	基本的な読み方

① 主要相場／デイリー

①−a 石油（原油）

東京市場での現物の原油価格。日本（を含む東アジア諸国）では、中東産ドバイ原油が代表的な油種。米国の代表油種であるWTI価格にほぼ連動して動く	現物とはいっても、実際の受け渡しは約2か月後が一般的。FOBはFree On Board（相手が指定した本船渡しの価格）。1バーレル＝159リットル

①−b ガソリン

多くは自動車燃料として用いられるガソリンの業者間転売価格	表示価格は業者間での転売価格であり、これに輸送料金、保険、業者のマージン等が上乗せされてガソリンスタンドでの価格になる

①−c 貴金属地金・小売価格（金）

地金（じがね）業者が扱う純金（24金＝99.99％以上の純度の金＝フォーナイン）の「売り・買い価格」を示す。売り・買いは、業者（地金業者）からみた表現。日本の小売店店頭での標準価格。1グラム単位で表示	国内の金価格のスタンダード。元来は、ロンドン金価格ならびにNY市場での先物価格等を基準にして算出された輸入価格によって決まる。円高・ドル安で価格は下落、円安・ドル高時には上昇することが多い

①−d 鋼材・異形棒

鉄筋コンクリートの建物を建てるときにコンクリートと組み合わせて用いる異形棒鋼（セメントとの設定面積を大きくするために表面に凹凸の溝を付けた棒状の鋼材）の価格	とくに直径が16ミリの異形棒鋼の価格は、鋼材価格の指標。2000年以降は中国、東欧、アジア諸国の急速な工業化などにより、国際的に鉄鉱石やスクラップの価格が上がった

＊「デイリー」で示される品目の価格は、毎日この紙面で報道されるという意味。「ウイークリー」は週に1度同じ曜日に、「マンスリー」は4週に1度、価格が報じられる。

＊この面は、日本経済新聞のいわばルーツとも呼ぶべき紙面である。明治9年12月に「中外物価新報」として、日本経済新聞はスタートした。欧米の列強諸国と肩を並べるべく産業を育成するためには、一次産品を中心とした物資、資材の価格を専門に報じる情報媒体が必要だという当時の三井物産を主宰していた益田孝氏により産業界の後ろ盾を得て創刊された。

5 商品の世界

国内商品②

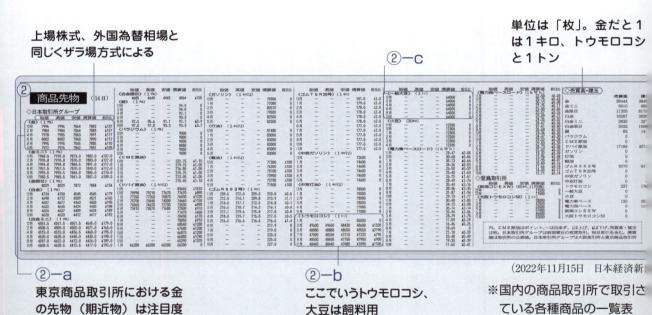

上場株式、外国為替相場と同じくザラ場方式による

②-c

単位は「枚」。金だと1は1キロ、トウモロコシと1トン

②-a
東京商品取引所における金の先物（期近物）は注目度が高い

②-b
ここでいうトウモロコシ、大豆は飼料用

（2022年11月15日　日本経済新

※国内の商品取引所で取引されている各種商品の一覧表

定義・種類	基本的な読み方

② 商品先物

②-a　東京金

東京商品取引所で取引された金の先物価格。上場株式等と同じくザラ場取引（売り買い注文の価格等が合えばリアルタイムで約定が行われる）で値段がつくため、「始値」、「高値」、「安値」、「清算値」の４本値で示される。２月とあれば、「２月に最終的な受け渡しを行う先物取引」という意味。最も近い将来の期日に受渡しを行う取引（期近物（きぢかもの））で付いた価格が指標	NY市場でのドル建て先物価格を円に換算した価格近辺で決まる。投機的な資金も流入するが、NY価格から大きく離れた価格にはならない。金の生産・加工・販売などを商売とする関連業者がリスクヘッジや投機目的で参入するほか、一般の個人による投資、投機目的での参入も多い

②-b・c　東京トウモロコシ・一般大豆

東京商品取引所での取引による先物価格。金と同じくザラ場取引による。○月とあるのは、その月に最終的な受け渡し・決済を行う前提で行われる先物取引であることは、他の多くの商品と同じ。トウモロコシ、大豆はいずれも飼料用の穀物	BRICsなどの新興国の国民所得が急増してきたことにより、世界的に家畜飼料用の穀物価格が高騰。東京市場でもその影響を受けた。価格は、１トン当たりでの表示

＊商品先物取引の基礎
その１：国内には、商品取引所が２つ（東京、大阪）あり、それぞれが独自の商品を上場している。各商品取引所ごとに会員（商品取引会員）があり、一般の顧客は、この会員を通じて商品先物取引所に特定の商品の売り買い注文を出す。
その２：商品先物取引は一般に、そのもの自体を将来購入することを前提に買ったり、現在保有している商品を先付けで売ったりして実際に商品の受け渡しを前提にするものではない。ほぼ99％の取引は、最終決済期日前に反対売買することで、売り買いの価格の差で計算された差金決済でお金の授受が行われる。

5 商品の世界

海外商品

③-a 世界の原油の指標とみなされているWTI先物価格(期近物)

③-b 国際的にもきわめて注目度が高い商品

ロンドン市場ではブレント原油(主にイギリスの北海にあるブレント油田から採鉱される硫黄分の少ない軽質油)が指標

③-c 現物の金については、古くからこのロンドンの価格が指標とされてきた

③-d

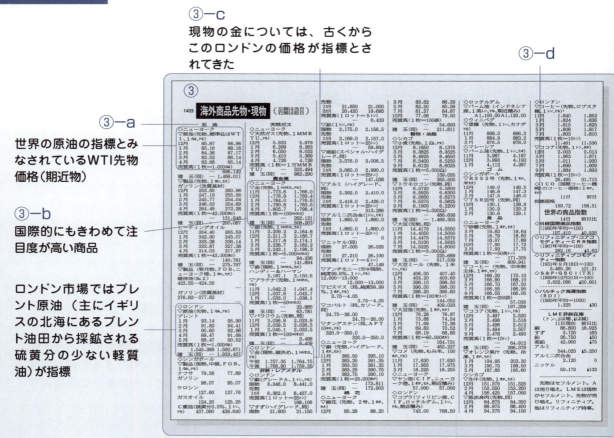

(2022年11月15日 日本経済新聞夕刊)

※米国だけではなく、世界各国の代表的な商品先物(一部は現物)を網羅している。

| 定義・種類 | 基本的な読み方 |

③ 海外商品先物・現物

③－a　石油／ニューヨーク・原油

NY市場（ニューヨーク・マーカンタイル取引所＝商業取引所）での原油先物取引の価格を示す。標準油種は、北米で指標とされるWTI（ウエスト・テキサス・インターミディエート）先物価格。テキサス州西部からニューメキシコ州にかけて産出される純度の高い軽質原油。最も注目度が高い。最大のエネルギー源である原油価格であるだけに、世界経済をみる上できわめて重要。「期近物（きぢかもの）」価格（左表では12月渡し）が指標

東アジア諸国で指標になっているドバイ原油、欧州で中心的な油種とされるブレント原油に先んじて価格が動くことが多い。1バーレル＝159リットル。日本経済は、原油をほぼ100％輸入に依存していることもあり、原油価格の上昇に弱かった。しかし、2次にわたるオイルショックを経て省エネルギー対策が進展し、いまでは、世界の工業国中、最もエネルギー効率の高い経済体質に変わった

③－b　貴金属／ニューヨーク・金

ＮＹ市場（ニューヨーク・マーカンタイル取引所＝商業取引所）における金の先物価格。日本の場合と同じく期近物（きぢかもの）価格が指標とされる。国際標準取引単位は1トロイオンス＝31.1035グラム

国際情勢が緊迫、紛争が拡大すると「有事の金」として買われる。米ドルへの信頼感が国際市場で薄らぐと上がる傾向あり。2000年代半ば以降は中国、インドの工業国化による国民所得の増大等を背景に価格は上昇

③－c　貴金属／ロンドン・金（現物）

ロンドンで金の現物を受け渡すという条件での取引でついた価格。午前10時30分、午後3時（ロンドン現地時間）の2回、当日の取引でついた価格が公表される（値決め）

世界中で行われるあらゆる金現物の売り買いの基準となる。1トロイオンスあたりドルで表示

③－d　リフィニティブ・コアコモディティーCRB指数

国際商品指数の1つ。米国ならびに英国の取引所に上場されている原油、天然ガスなどのエネルギー資源、貴金属のほか穀物など19品目にわたる素材、原料（1次産品）価格を適切にウエイト付けた上で、一定時期（1967年）の値を100として指数化されたもの

他の国際商品指数に比べエネルギーや鉱工業関連素材のウエイトが高い。リフィニティブ（ロンドン証券取引所グループ企業）が毎日集計、公表する。米国のFRB（連邦準備制度理事会）が米インフレ率の先行指標として注目

第3部
円相場から始める経済メカニズム連想ゲーム

円相場 ①
アメリカの10ドルワイン。
何円払えば買えるんだろう

日米10年債利回り ②
この金利差で円相場が決まるのが
基本なんだ！

消費者物価 ㉑
（消費者物価指数）
日本銀行は、物価を
年2％ずつ上げることを
目標にしているぜ

日経平均株価 ③
日本を代表する企業の株価は、円安になると
高くなる傾向にあるみたいだ

国内企業物価 ㉒
まず企業間取引での物価が
先に動くよね

NYダウ ④
NYダウが上がっているから、
日経平均も上がっていると言った
方が正しいかもしれないよ

マネタリーベース ㉓
金融市場に供給しているお金が増えれば、
物価もきっと上がるはず？

米雇用者数 ⑤
多くの失業者が働くように
なれば、経済は動きだすんだ

コールレート ㉔
銀行だって
お金が足りなくなる
ことがあるんだ。
そんなときには
お金が余っている
銀行から借りるぜ

貸出残高 ㉕
お金が足りないのは個人より
もむしろ企業！それなら貸し
てあげればいいじゃない

M3（エムスリー）㉖
お財布の中のお金と銀行預金を
足した金額が増えていれば、
きっと経済は上向いている

米国のGDP ⑥
雇用が増えれば経済が動く。
経済が動けば当然
GDPは大きくなるよね

金融・経済指標（データ）

ここからは、第1部、第2部で学んだ知識を統合するために、ちょっとした連想ゲームを楽しんでいただこうと思います。

　これまででお分かりの通り、金融、経済、マーケットを知るとは、個々の動き（経済現象）を別々のモノとして認識するのではなく、それらの間に有機的な関連を見出すことです。個々の経済、金融事象を断片として認識している限り（言い換えればそれらの間に働いているメカニズム＝力学をおざなりにしている限り）、金融・経済の全体像は見えてきません。

　そこでこの第3部では、これまで取り上げてきたさまざまな金融、経済、マーケットの動きを有機的に関連付けていくためのゲームにご招待します。

　文字通りゲームを楽しむように、個別の経済・金融事象（データ）を辿っていくと、経済は互いに密接な関係でつながっていることを実感していただけるはずです。

　ゲームを展開していく過程では、代表的な金融・経済指標、為替や株などのマーケット指標の最新データを実際に観察していただくために、**所定のグラフなどへのハイパーリンクを張**っておきました。紙面に記されたQRコードをスマホなどで読み取れば、瞬時にして個別データにアクセスできます。スマホなどを片手に、最新の各種経済指標・マーケットデータを観察しながら、個々の経済事象の間に働くメカニズムを実感していただけるはずです。

☆　☆　☆

　おそらく所要時間は15〜20分程度でしょう。20分後にはあなたの頭には、GDPに代表される経済成長率や企業、家計の実態、さらには雇用情勢や株価、果ては為替相場や物価動向に至るまで、およそ経済社会全体が1つの大きなスペクタクル図のように見えてくるはずです。

　さあ、レッツゴー！！

☆　☆　☆

　おそらく本書を手にされた読者の多くは金融関係の業務についておられるか、あるいは株式、FX、不動産などの投資に役立つことを期待されている方が多いと思います。

　そこで、このゲームでは金融・投資の部門でいま最も注目度が高い「為替」からスタートすることにしましょう。

　ここで取り上げた指標、データの多くは第2部で説明済みですが、「あ、この指標は何だったっけ？」というときには、是非もう一度該当ページに戻って見直すことをおススメします。

　なお、スマホで次のグラフを見る前に「直前にみたデータが○○だったんだから、経済メカニズムの原則から言うと、次のデータは上がって（下がって）いるんだろうな」と予測しながら進んでいただくと面白いですよ。

　ではボンボヤージュ、そしてグッドラック！

① 「円相場」

アメリカの10ドルワイン。何円払えば買えるんだろう。

　円相場は、毎日のようにテレビや新聞で、あるいはYahoo、LINEニュースのサイト等で報じられています。それだけ為替相場が、わたしたちのビジネスならびに生活に密接な関係にあることを示しています。

　さて、これら日常的に報じられる円相場は、原則としてごく短期的な動きに限られます。「昨日の東京市場の終値は前日比で50銭の円安・ドル高の……」とか「正午時点での円相場は……」と言うようにです。

　しかしここでは、もう少し中長期的なスパン（期間）でこの円相場の動きをグラフとして観察します。この円相場だけではなく、この第3部で取り上げるさまざまな経済・金融指標（データ）は原則として、過去5年程度の動きを振り返りながら現在の水準を観察するというスタンスをとります。つまりグラフでその動きを観察するというわけです。

　基本的には各グラフは、1か月単位のデータをベースに描かれたものをご紹介します。

　なお、ここで個別データ（グラフ）をご覧いただいた後、あとでもう一度前に戻って再度そのデータを確認したくなることがままあると思います。そのときには、再確認することをいとわないでほしいと思います。

☆　☆　☆

「まず円相場のこれまでの動きは？」

　さて円高進行中ですか？それとも円安？　あるいはどっちつかずの動きが続いている？

　では最初に「そもそも円相場は何で決まるか？」と発想してみましょう。するとおそらく多くの方は「短期的には日米の金利差でしょ」と反応してくださると思います（26ページの連想で学びましたね）。であれば、日本と米国の金利を観察することから始めましょう。金利と言っても短期から長期までいろんな種類がありますが、ここで一番意識しておかれるといいと思うのが日米ともに、10年国債の利回りです。

② 「日米10年債利回り」

マーケットが、アメリカと日本の景気をどう評価しているかが分かる

　ここでは日米の10年債利回りだけではなく、その差（米金利－日本金利）を示してあります。この差＝スプレッドが円相場を見る際にもっとも重要な指標です。

　では「円相場」が動けば何が動くか？ここから始めてみましょう。第2部までで学んだ知識を総動員した上でちょっと想像力を働かせれば「円高は日本株安を促す」「円安で日本株高」と言うのが原則でしたね。ではここからスタートしてみましょう。

　ところで日本株の動きを代表するデータはどんな風に動いているでしょう？

③ 「日経平均株価」

日本を代表する225社の平均株価だ。もちろんトヨタやユニクロ、など世界を相手に商売している代表的な企業も数多く含まれているぞ

　ここではおそらく「円高・日本株安」か「円安・日本株高」のどちらかではないでしょうか（もちろん例外の時期もありますが）。「円相場の動きはどうだったか、ちょっと忘れてしまったな」と言う方は是非もう一度「円相場」のQRコードに戻ってグラフを確認しておかれるといいでしょう。

　さて、ここで日本株をチェックすれば、次に観察しておくといいのは当然米国の株価でしょうね。米国の平均的な株価水準を示すものは？

④ 「NYダウ」

アメリカを代表する30社の平均株価だ。マイクロソフト・コカコーラ・ウォルトディズニーなど名だたる企業が名を連ねているぞ

　おそらく、日本株の動きとよく似た動きが観察されるはずです。と言うよりむしろ、「米国株の影響下にある日本株」といったほうがいいかもしれません。そう、「アメリカが風邪を引いたら日本はくしゃみする」ってやつです。

　では、その米国の株価を動かす要因として最も注目すべき指標は何か？　このように連想してみましょう。世界の投資家が米国株式に最も大きな影響を与える指標として注目しているのは、月次の指標なら「米雇用者増加数」、四半期ベースだと「米GDP」です。

　ではこれらを順にみていきます。まず短期的なレベルで米国株式に影響を与えるのは雇用情勢です。毎月第1金曜日に発表される雇用関連指標で注目度の高いデータと言えば？

⑤ 「米雇用者数（非農業部門の雇用者数増減データ）」

テレビのニュースではあまり大きく報道されないけど、アメリカの景気を占うことができるとても重要な指標だよ

　このデータを見るポイントは、10〜15万人程度のプラスが景気に対してはニュートラル、20万人増だと「好調」だと判断されることです。月別にみるとそれなりに凸凹があるため、過去3か月平均値も意識しておきましょう。

　ではもうひとつ、米国の景気の現況を端的に表している指標にも目を配っておきましょう。そうGDPですね。

⑥「米国のGDP」

アメリカのGDPは日本の約4倍とすごく大きい。世界経済に与える影響も当然大きい

　2000年代半ばから中国景気が減速、さらに2018年からはユーロの景気も後退しつつある中で、世界全体の景気を引っ張ってきたのが米国経済です。2022年から一気に下がってきたことがグラフで確認していただけるはずです。
　ではここで、目を日本国内に転じてみましょう。そう、米国のGDPと来れば次は、米国経済に大きな影響を受けるのがわが国の景気。まずはGDPを観察しましょう。

⑦「日本のGDP」

アメリカのGDPと比べてどうでしょうか

　さあ、どうでしょう。2022年以降は米国に比べると若干高い水準ですが5年間の平均的な成長率でみると先ほど観察した米国より低いですね。
　いまここを読み進んでおられる読者のスマホに写る最新の成長率はどんなものでしょうか？
　では次に、日本の景気を端的に示すGDPの中身を探索してみることにします。連想ゲームを楽しむためのコツの1つは「その内訳をチェックしてみよう」です。
　ここで「GDPを支出面から観察した場合、最も大きなシェアを持つのは何でしょう？」。そう、個人消費です。
　個人消費はGDPの6割弱程度を占めるのですから。違う言い方をすれば、国内で生産されたもののうち、6割弱は個人によって買われる（＝消費される）のです。

⑧「家計消費支出」

多くの家庭で旅行や家具の買い替えなどプチ贅沢できるようになると増えていくぞ

　国内の個人消費を端的に示すのがこのデータ。サンプリングの数が8,000程度と決して多くないなかで、定期的に調査対象世帯が入れ替わるため、月により多少ブレる癖があることに留意が必要です。少なくとも、過去3ヶ月くらいの平均値を意識するといいですね。

　では、ここでさらに「家計消費を支えるのは何か？」と発想してみましょう。言い換えれば「家計消費はどんな要因で変化するか？」です。そう、収入ですね。入りが充実していれば消費も盛んになります。

⑨「現金給与総額」

プチ贅沢できるかどうかは、毎月のお給料にかかっている

　企業などが従業員に支払う賃金が、どのように推移しているか？　これを端的に示すのがこのデータです。「賃金≒現金給与総額」です。平均的な労働者1人が各月に得た現金給与の、前年比の伸び率が示されています。ここでご覧いただいたデータは季節調整済みのモノですから、6月や12月といった賞与月のデータが突出することはありませんね。

　では、次に「賃金は直接には何によって決まるのか？」ともう一歩踏み込んでみましょう。そうすると「ああ、そうか。月次でみれば残業時間だね」と分かります。基本給などの基礎的な賃金は通常年1回しか改定されませんからね。

⑩「所定外労働時間」

残業代が増えてれば、毎月の手取りが増えるよ。最近では働き方改革で、残業がしにくくなっている企業も増えているね

　いわゆる残業時間です。先に見た現金給与の伸びと所定外労働時間のそれは、割合似た動きを示していると思います。これは理屈に合っています。

　さて、ここで「そもそも企業は、生産するためには労働力以外に何が必要か？」と発想してみましょう。そうすると「機械などの設備だ」ってことが分かるはずです。とすれば、所定外労働時間が増えているときには、より多くの機械等の設備が稼働しているはずですね。これを端的に示す指標があります。さて？

⑪「稼働率（稼働率指数）」

夜まで残業するのは、人だけじゃない。人と一緒に機械も残業するんだ

　機械設備などがどれだけ実働しているか、を示すのがこれ。「所定外労働時間」（残業時間）とよく似た動きを示しているはずです。どうでしょう？
　人がより働けば、機械設備もやっぱり働く時間が長くなり、休んでいる機械は減ります。つまり、景気がよければ所定外労働時間も増え、稼働率指数も高まる。これはアタリマエ。さてでは、所定外労働時間が増えてきて人手が足りなくなってきたらどうなるでしょう？　いや、いまは、「働き方改革」と言う名の下で、残業時間規制が厳しくなっていますので、残業を増やせず困っている企業が多いですね。
　とすれば、雇用関連のデータにいくつかの変化が表れている可能性があります。そこで最初に観察しておきたいのが失業率です。

⑫「完全失業率」

失業しているからって就活していない人は「失業者」には含まれないよ

　「完全失業者÷（就業者＋完全失業者）」で求められるデータがこれ。ただし、ここで注意しなければならないことがあります。それは「仕事をしていない人」＝「完全失業者」ではないこと。
　「仕事をしておらず、就職活動もしていない人」は定義上「完全失業者」にはカウントされないのです。このため、「不景気だし、どうせ採用されないんだから」といって就職活動をやめる人が増えると、「完全失業者」が減り「完全失業率」が下がることもあるのです。
　さて失業率と並んで雇用情勢を端的に示すデータがあります。それは何でしょうか？

⑬「有効求人倍率」

１倍を切ると「とても景気が悪い」と言えるかもしれないな

　これはもちろん「求人数÷求職者数」です。企業の側に人手が足りなくなると、分子の人数が増えていくため、倍率はドンドン上がっていきます。「就職しやすい状態」です。2020年半ば以降はきれいな右肩上がりになっていますね。
　さて、これまでの個人消費⇒雇用動向のデータで、企業活動がどの程度活発に行われているのかがざっとお分かりいただけたと思います。
　次には、企業活動の状況を見る上でとても大事な指標に目を向けてみましょう。先にご覧いただいた「企業の設備稼働率」からの発想なのですが、「稼働率が上がり続け、設備が足りなくなったらどうするか」が最大のヒントです。そう。新たな設備、機械を買い込みますね。それを示すのが次のデータ。

⑭「機械受注」

企業が新しい設備投資にお金を回せているかは、5年10年先の業績に影響するんだ

　機械が足りなくなり、あるいは古い設備の生産性が落ち込んでいき、目標とする生産に間に合わなくなれば、新しく設備投資を行わなければなりません。つまり、企業は機械などの設備の購入に動くのです。その動きを最も早く示してくれるのがこのデータです。
　さて、こうして企業がさらに活動を活発に行うようになれば、最終的に企業の生産が増えていきます。それを端的に示すのが次の指標です。

⑮「鉱工業生産」

人を多く雇って、新しい機械で工場が動けば、商品はそれだけ沢山作れるね

　昨今では経済のサービス化で、GDPに占める製造業のシェアは20％くらいにまで下がってきていますが、それでも依然として鉱工業、なかでも工業＝メーカーの活動状況を示す「生産指数」はとても重要です。卸売り、小売り（商業）、運輸などのサービス部門を担う企業が扱っている商品も元をただせば、その多くは「メーカーの生産品」です。どれだけ経済のサービス化が進展しようと根っこのところで、メーカーの活動が景気を支えています。
　生産したものはいったん倉庫などに保管されます。そしてそれが、卸売問屋や小売店からの需要に応じて出荷されます。つまり「生産」に次いで、「出荷」「在庫」というデータの流れで、企業活動の最も重要なプロセスが見えてきます。まずは出荷から。

⑯「出荷（出荷指数）」

商品を作っても売れなければ意味がない。だから出荷できているかどうかはとても重要

　出荷すれば在庫は減ります。しかし一方では新たに生産されたものが在庫として積み上がっていきます。こうして在庫は増減するのですが、その結果として在庫がどの程度あるかを端的に示すのが在庫データ。とりわけ大事なのは「在庫量」を「月間の出荷量」で割ったデータです。

⑰「在庫率(在庫率指数)」

買いたいときに買えないとお客さんは、離れてしまう。適切な在庫量を抱えているのが大切だ

　このデータの見方はちょっと難しいところがあるのです。というのも在庫が減って（低下して）いれば、どう判断すればいいのか？　実は、2通りの解釈が可能なのです。
　1つは「出荷が増えたから在庫が減った」。この場合、売れ行きがよいわけですから企業景気はよいということになります。しかし「出荷が減ったけれど、それ以上に生産を減らした」という場合もあるのです。出荷が20％減ったけど生産⇒在庫積み増しが30％減った。こんなときには在庫量は減るのですから。ともあれこのあたりは、以上のデータだけでは判断できないことは踏まえておきたいところ。
　次に、こうした民間企業の活動に影響を与えるものとして忘れてはならない公共事業に目を転じてみましょう。しかも、（ここは大事なところ）これはGDPにも大きな影響を与えます。
　民間企業などに、公共事業がどれだけ発注されたのかを示すのがこのデータです。

⑱「公共事業請負」

イギリスの経済学者のケインズは、政府の公共投資は投資額の何倍もGDPを大きくさせると指摘したよ

　アベノミクスが始まった2013年度には大型財政出動で、この公共工事が日本の景気を引っ張ったのですが、その後はむしろ縮小気味。このグラフがカバーしている期間はマイナスになる月が多いのが分かりますか？
　さてここまで、国内の企業生産に影響を与える要素として、個人消費、企業の設備投資、公共投資と辿ってきたのですが、他にGDPを支える大事な要素はないでしょうか？　そう、海外からの需要です。「輸出の伸びが成長率を支えた」なんて表現をよく見かけますね。

⑲「貿易・サービス収支」

売り先は国内だけじゃない。日本のブランドを世界に発信できているのかが一目で分かる

　GDPに大きな影響を与えるのが輸出。輸出が増えるということは、それだけ「海外に売れた」ことを意味します。「国内で売れた」も「海外で売れた」も本質は同じこと。より多く売れたということは、より多く生産されたことを示します。
　では、以上のようなさまざまな活動を通じて、企業はどれだけの利益を上げたのか。これを示すのが、財務省が公表する「法人企業統計」です。

⑳「法人企業営業利益」

決算書で黒字であっても、本業で赤字なら意味がない。企業は本当に儲かっているのかを知らないとね

　四半期に一度発表されます。営業利益とは企業が本業部門で儲けた利益。これ以外に、本業以外での収益、借入金利子の支払いなどを加味した「経常利益」もあります。株式や債券あるいは為替の売買や不動産の賃貸などがそれ。

▶ここで物価に目を転じみよう

　さてここまでは、GDPを構成する主要なデータを順に辿ってきました。次に、経済の体温計とも言われる物価に関するデータに目を転じることにします。実はこの物価、これまで辿ってきた各種景気指標ととても密接な関係があるのです。
　一言で言うと「景気がいいときには物価が上がる」「景気後退時には物価は下がる」です。これが原則。そういえば「失われた30年と言われる期間を通して、日本物価は低空飛行だったな」とイメージされる方もいらっしゃるでしょう。これは第1部の「連想ゲームその3」で取り上げましたね。
　さて、最も身近な物価データといえばこれですね。

㉑「消費者物価(指数)」

あの商品、1年後に買ったら高くなってる。そう思えば、「今」買うよね。物価はちょっとだけプラスの方が経済にとっては良いことが多いよ

　2013年4月から日銀が物価を上げてデフレ状態を脱却することを目指して、ひたすら超緩和（異次元緩和）を実行してきました。21年まではその目標に全く手が届かなかったのですが、2022年4月には2％目標を突破、9月には3％台へ。これは言わずと知れた新型コロナショックで原油などの流通が滞り、供給パイプが詰まってしまったところへ、同年2月のロシアによるウクライナ侵攻で西側諸国がロシアからの原油輸入をストップさせたことにより世界的なインフレが起きたためです。消費者物価といった場合に、一般に用いられるのはここにある「生鮮食品を除く」という指標です。

　さて、消費者物価といえば流通プロセスでは最も川下での価格。中流にあるのは企業間で売り買いされている物価です。これが企業物価指数。順序から言えば、これが上がればそれに応じて消費者物価も上がるのが自然ですね。

㉒「国内企業物価(指数)」

大量に商品を仕入れる必要のある企業にとって、物価は業績に大きな影響を与えるよ

　消費者物価より一歩先に動くのが企業物価指数です。企業間で取引されている様々なモノの値段の動きを示すのがこれ。では企業物価指数のうち、国内で売り買いされている企業物価だけを取り出した国内企業物価はどう動いているでしょう？　消費者物価と同じ傾向だけれど、より振幅が大きいことが分かっていただけるはずです。

　さて、この物価にとても大きな影響を及ぼすのが金融政策です。2013年から始まった史上例を見ない大々的な金融緩和は、その後10年近くを経てどうなっているのでしょうか。というわけで、ここで金融データにも足を延ばしておきましょう。

　金融政策という面からみて、最も根っこにあるデータは何でしょう？

㉓「マネタリーベース」

日本国内に流通しているお金が増えれば、物価もきっと上がるはず

　そう。日本銀行がどれだけ積極的に金融を緩和、あるいは引き締めているかを端的に示すのがこのマネタリーベース。文字通り「お金のもと」です。日銀がどれだけ民間の金融市場にお金（通貨）を供給しているか、を示します。

　もうひとつ。日銀の金融政策のスタンスを判断する上で重要な指標があります。それは政策金利。日銀が間接的にコントロールしているものです。さてそれは？

㉔「コールレート（無担保コール翌日物レート）」

銀行だってお金が足りなくなることがあるんだ。そんなときにはお金が余っている銀行から借りるぞ

　金融機関の間では、短期資金のやり取り（貸借）が毎日のように大量に行われているのですが、ここで付く1日限りでの貸し借りの金利がこれです（85ページ参照）。

　2019年からわずかに上がっているように見えますが、目盛りで分かる通り、実質的にはとても低い水準が続いているとみてさしつかえありません。

　以上の「マネタリーベース」「無担保コール翌日物レート（金利）」はいずれも、企業や個人向け貸出がどれだけ増えるかに決定的に重要な役割を演じます。

　つまり日銀がジャブジャブお金を供給し、それを受けた銀行などがより低い金利でそれを企業や個人に貸し出す。そこで活発な設備投資、消費が盛んになる。これが基本的な金融緩和政策のシナリオです。

　ではそのときには、どんな指標に変化が表れるでしょうか。そう。まず銀行貸出などが増えていくはず。ではそれを示すのは？

㉕「貸出残高」

お金が足りないのは個人よりもむしろ企業！それなら貸してあげればいいじゃない

　これが伸びれば、民間全体で使えるお金の総量がドンドン増えていくのですね。で、これを示すのがいわゆる通貨供給量。この「通貨供給量」って言葉は「供給された結果、どの程度の通貨が民間に滞留するに至ったか」と理解したほうが分かりやすいです。日銀の統計では「マネーストック」と呼ばれます。

㉖「M3（エムスリー）」

お財布の中のお金と銀行預金を足した金額が増えていれば、きっと経済は上向いている

　ここでは単に「M3」としか表示されていませんが、これはマネーストックを表す代表的な指標です。76ページで説明しましたね。これが順調に増えていれば、日銀の金融緩和政策はひとまず成功と言えるのですが、どうでしょう？
　アップダウンを繰り返していますが、マネタリーベースの動きによく似ていることが分かりますね。

☆　☆　☆

　さてここで、内外の主要な経済・金融・マーケット指標の旅はひとまず終えることにします。どうでしたか？　こんな風に互いに密接な関係を持つデータを順に辿っていくことで、現在わたしたちが置かれている経済・金融環境の全体像がいままで以上にくっきり見えてきたのではありませんか？
　是非、この作業（ゲーム？）には時々チャレンジしてください。少なくとも数か月に一度？くらいは。その都度、新しい発見があるはずです。
　経済は生き物です。日々、いや時々刻々とわたしたちを取り巻く経済・金融、マーケット環境は変動し続けていることが実感としてお分かりいただけるはずです。そしてそれは必ず、皆さんのビジネス、ならびに投資に大いに役立つことに気づかれるはずです。

索　引

【あ行】

インターバンク市場	70～73
英国債（10年）	88，89
円相場	90，91
オープン市場	70～74
オプション市場	70，71
終値	90，94

【か行】

海外商品先物・現物	108，109
外国為替	92，93
外国為替市場	70～73
外為対顧客電信売相場	90，91
可処分所得	77
ガソリン	104，105
株価収益率	96，97
株式益回り	96，97
完全失業率	76
機械受注	75
貴金属地金・小売価格（金）	104，105
貴金属／ニューヨーク・金	108，109
貴金属／ロンドン・金（現物）	108，109
銀行間直物為替相場	73
金融市場	70～73
景気動向指数	72
経済統計データ一覧表	80
鉱工業指数	75
鋼材・異形棒	104，105
公社債店頭売買参考統計値	86，87
コール	84，85
コール市場	70，71
国際収支	78
国内企業物価指数	77
国内総生産	74
雇用・非農業部門（米国）	79

【さ行】

債券市場	70～73
先物市場	70，71
時価総額	94，95
資金需給予想	84，85
主要通貨の対ドルレート	90，91

純資産倍率	96，97
消費支出	76
消費者信頼感指数（米国）	79
消費者物価指数（コア）	78
消費者物価指数（コアコア）	78
商品先物	106，107
商品先物取引の基礎	107
新設住宅着工	75
新発10年国債	86，87
世界の主要株価	100，101
石油・原油	104，105
石油／ニューヨーク・原油	108，109

【た行】

第一次所得収支	77
高値	90，91
短期金融市場	70～71
短期プライムレート（日本）	64，65
単純平均（東証1部全銘柄）	98，99
長期金融市場	70～73
長期プライムレート（日本）	86，87
手形市場	70，71
東京金	106，107
東京トウモロコシ・一般大豆	106，107
投資部門別売買代金差額	100，101
東証1部（大型株／中型株／小型株）	
	98，99
東証株価指数（TOPIX）	92，93
東証REIT指数	94，95
騰落レシオ	94，95
独連邦債（10年）	88，89

【な行】

日銀短観業況判断	74
日銀当座預金残高	84，85
日経インデックス	90，91
日経株価指数300	108，109
日経500種平均株価	108，109
日経平均株価（225種）	92，93

【は行】

配当利回り	96，97

売買高・売買代金・売買単価 94, 95
売買高上位 10 銘柄の占有率 94, 95
プライムレート（日本） 86, 87
米欧長期 88, 89
米国債（10 年） 88, 89
変動長期プライムレート（日本） 86, 87

【ま行】
無担保コール翌日物レート 84, 85

【や行】
安値 90, 91
有効求人倍率 75
寄付 90, 91

【ら行】
リフィニティブ・コアコモディティー CRB
　指数 108, 109
ランキング 102, 103

【C】
CD（譲渡性預金）市場 70, 71

CP（コマーシャルペーパー）市場 70, 73

【I】
ISM 製造業景気指数 79

【J】
JPX 日経インデックス 400 92, 93

【M】
M3（マネーストック増加率） 76

【O】
OECD 景気先行指数 79

【P】
PBR（純資産倍率） 96, 97
PCE デフレータ（コア） 79
PER（株価収益率） 96, 97

【T】
TIBOR（東京銀行間取引金利） 62, 63

改訂版　景気　金利　株　物価　為替の関係がわかる
マーケットの連想ゲーム

2024年9月2日　初版1刷発行
2025年4月12日　初版2刷発行

〔検印廃止〕著　　者　角　川　総　一
　　　　　　発行者　延　對　寺　哲

発　行　所　株式会社　ビジネス教育出版社

〒102-0074　東京都千代田九段南4-7-13
電話：03（3221）5361（代表）　FAX：03（3222）7878
E-mail info@bks.co.jp　https://www.bks.co.jp

落丁・乱丁はおとりかえします　　　印刷・製本／萩原印刷（株）
ISBN 978-4-8283-1093-0

本書のコピー、スキャン、デジタル化等の無断複写は、著作権法
上での例外を除き禁じられています。購入者以外の第三者に
よる本書のいかなる電子複製も一切認められておりません。